Astrid Hedtke-Becker

Die Pflegenden pflegen

Gruppen für Angehörige pflegebedürftiger alter Menschen

Eine Arbeitshilfe

Astrid Hedtke-Becker

Die Pflegenden pflegen

Gruppen für Angehörige pflegebedürftiger alter Menschen

Eine Arbeitshilfe

Lambertus

CIP-Titelaufnahme der Deutschen Bibliothek
Hedtke-Becker, Astrid:
Die Pflegenden pflegen : Gruppen für Angehörige
pflegebedürftiger alter Menschen; eine Arbeitshilfe /
Astrid Hedtke-Becker. – 2. Aufl. – Freiburg im Breisgau :
Lambertus, 1999
ISBN 3-7841-1019-3

2. Auflage 1999

Alle Rechte vorbehalten
© 1990, Lambertus-Verlag, Freiburg im Breisgau
Umschlaggestaltung: Christa Berger, Solingen
Umschlagfoto: Christoph Maas, Solingen
Herstellung: F. X. Stückle, Ettenheim
ISBN 3-7841-1019-3

Inhalt

9	EINLEITUNG
15	TEIL A FAMILIE UND HÄUSLICHE PFLEGE – EINE EINFÜHRUNG
18	I. Die Situation pflegender Angehöriger – Normen, Motivation, Belastung
18	1. Mythen und Normen
26	2. Motivation für die Übernahme von Pflege
29	3. Belastungen
35	4. Pflegeprobleme als Beziehungsprobleme im Familiensystem
38	5. Pflege in der Ehe
44	II. Die Situation chronisch kranker Menschen
48	III. Entlastungsmöglichkeiten – oder: Wie Pflege gelingen kann
50	1. Vor Eintritt einer Pflegesituation
53	2. Zu Beginn der Pflegesituation
57	3. Während der Pflegesituation
60	4. Nach der Pflegesituation
63	TEIL B SCHRITTE ZUM AUFBAU VON ANGEHÖRIGENGRUPPEN
64	I. Die Angehörigengruppe als Beitrag zur Entlastung Pflegender
64	1. Der Stellenwert von Gruppen im Spektrum der Arbeit mit Angehörigen
66	2. Motivation und Erwartungen der Teilnehmerinnen
68	2.1 Konkrete Hilfen
69	2.2 Psychosoziale Entlastung
70	3. Hinderungsgründe für die Teilnahme

73	4.	Entlastung durch die Gruppe
73		4.1 Entlastung durch Gruppen allgemein
74		4.2 Spezifische Entlastung durch die Angehörigengruppe
79	5.	Effektivität und Grenzen von Angehörigengruppen
83	II.	Umsetzung in die Praxis
83	1.	Klärung der Ziele und Absichten von Träger und Leitung
86	2.	Träger und Veranstalter
88	3.	Definition der Zielgruppe/Gewinnung von Teilnehmerinnen
93	4.	Organisatorische Rahmenbedingungen
97	5.	Kosten und Finanzierung
99	6.	Leitung der Gruppe
99		6.1 Berufliche Voraussetzungen der Leiterinnen
100		6.2 Leitung im Team
101		6.3 Allgemeine Voraussetzungen
102		6.4 Anleitung und Begleitung der Leiterinnen
103		6.5 Zusammenarbeit mit Vertreterinnen anderer Fachgebiete
104	7.	Art des Angebots unter Berücksichtigung der jeweiligen Berechtigung
104		7.1 Einzelveranstaltung
105		7.2 Vortragsreihe
105		7.3 Seminar
107		7.4 Kurs
107		7.5 Gesprächskreis – offen/geschlossen
108		7.6 Therapeutische Gruppen
109		7.7 Selbsthilfegruppen
110		7.8 Gruppengröße
111		7.9 Probleme und Hinweise
112	8.	Inhalte und Methoden der Gruppenarbeit
113		8.1 Inhalte und Themen
113		8.1.1 Finanzielle und rechtliche Informationen
114		8.1.2 Hilfen zur Entlastung
115		8.1.3 Medizinisch-pflegerische Themen
116		8.1.4 Psychosoziale Themen
118		8.1.5 Entspannung und Meditation
118		8.1.6 Geselligkeit und Kultur
119		8.2 Methodische Anmerkungen

120   9. Beendigung oder Weiterführung von Gruppen

123   TEIL C
            LITERATUR UND MATERIALIEN

124   1. Zur Lebenssituation (chronisch kranker) alter Menschen und ihrer Angehörigen
126   2. Einige Studien zur Lebenssituation pflegender Angehöriger
130   3. Material / Veröffentlichungen / Studien zur Angehörigenarbeit
134   4. Konzepte für Pflegekurse nach § 45 SGB XI
135   5. Videofilm

136   Die Autorin

Einleitung

„Die Pflegenden pflegen" ist ein programmatischer Titel, der deutlich machen soll, daß der Blick nicht nur dem kranken alten Menschen in Familie und Heim gelten soll, sondern auch dem pfleglichen Umgang mit denen, die den Löwenanteil der Versorgung und Betreuung leisten: den Angehörigen. Die Mitarbeiterin einer Sozialstation kennzeichnete das notwendige Umdenken: „Bisher stand für mich das Bett mit dem Patienten im Mittelpunkt, aber ich fange an zu begreifen, daß es um die ganze Familie geht."
Seit Anfang der 80er Jahre sind zahlreiche Angehörigengruppen in unterschiedlichster Form entstanden. Deutlich machte dies erstmals eine Fragebogenerhebung zum Thema, die das Referat Altenhilfe im Deutschen Caritasverband Freiburg[1] zu Beginn des Jahres 1988 durchführte und die den Anstoß zur ersten Auflage dieses Buches gab: Es kamen Rückmeldungen von 75 Gruppen aus dem Bundesgebiet innerhalb des Caritasverbandes, obschon man erwartet hatte, auf diese Weise lediglich vereinzelte Angebote ausfindig machen zu können. Rechnet man die geplanten Gruppen hinzu, kommt man auf eine Zahl von ca. 100 Gruppen. 135 weitere sowie 22 geplante Gruppen, die nicht mit denen der Caritas identisch sind, ermittelte das Kuratorium Deutsche Altershilfe Anfang 1989.[2]
An dem wachsenden Interesse an Fortbildungsveranstaltungen zu Themen wie „Umgang mit pflegenden Angehörigen", „Hilfen zum Aufbau von Angehörigengruppen" usw., die von den Wohlfahrtsverbänden angeboten werden, ließ sich ebenso ablesen, wie groß der Bedarf und die Notwendigkeit waren, pflegende Angehörige sinnvoll zu unterstützen.
Aus dem Eindruck heraus „Wir müßten viel mehr für die Angehörigen tun, sind aber jetzt schon überlastet und haben keine Zeit", wie Mitarbeiterinnen von Sozialstationen es formulieren, erschien die Gründung von Gruppen als eine angemessene Alternative zu ständigen, in ihrer Wiederholung durchaus belastenden und anstrengenden Einzelgesprächen. Diese können Schwestern und Pfleger an den Rand der Verzweiflung bringen, zumal sie in der Regel neben der eigentlichen pflegerischen Arbeit geleistet werden müssen. Die Angehörigenpro-

---
[1] Im folgenden Text: Caritas-Erhebung.
[2] Kuratorium Deutsche Altershilfe (Hrsg.), Reihe „thema": Gesprächskreise und Seminare für pflegende Angehörige. Projektberichte und Kurzbeschreibungen. Köln 1989.

blematik aus dem überwiegend pflegerischen Zusammenhang herauszulösen, war dringend geboten, da, wie eine pflegende Ehefrau es formulierte, „die körperliche Pflege noch das ist, womit ich am wenigsten Probleme habe".
Der Rahmen häuslicher Pflege,
die Lebensbedingungen,
der soziale Hintergrund,
die Geschichte der Beziehung zwischen Pflegenden und Gepflegten,
die vorhandenen Kraftquellen, die Bewältigung,
die eigene Lebensplanung,
die Entwicklung der Krankheit des gepflegten Menschen
sind nur einige der Probleme, mit denen Pflegende sich auseinandersetzen müssen und deren Lösung der kompetenten Hilfestellung bedarf.
Schon lange war aufgrund der gestiegenen Lebenserwartung und der abnehmenden Geburtenrate bei gleichzeitiger Zunahme der Multimorbidität ein wachsender Anteil pflegebedürftiger Menschen in den westlichen Industrieländern zu erwarten. Doch erst die Socialdata-Studie „Anzahl und Situation zu Hause lebender Pflegebedürftiger", die 1980 im Auftrag des Bundesministeriums für Familie, Jugend und Gesundheit erstellt wurde, hat den Nachweis für die Bundesrepublik erbracht. Auf einmal wurde deutlich, daß nicht, wie weit verbreitet angenommen, die Mehrzahl der pflegebedürftigen alten Menschen „abgeschoben" im Heim lebte, sondern die Relation mehr als zwei Millionen zu Hause lebende Pflegebedürftige zu ca. 130 000 in Alten- und Pflegeheimen lebenden betrug.
Der Blick dieser Studie aber lag, und auch das war einschneidend, bei den pflegenden Familienangehörigen. Ihre Probleme wurden benannt und der Öffentlichkeit zugänglich gemacht.[3]
Ein Jahr später, 1981, erschien die Studie von Jens Bruder und Mitarbeitern „Die Situation von Patienten und ihren Angehörigen bei chronischer Erkrankung im höheren Lebensalter", die gezielt nach Lebensbedingungen und Bewältigung fragte. Im Anschluß an das Forschungsprojekt gründeten die Autoren in Norderstedt in der Nähe von Hamburg die erste „Beratungsstelle für ältere Bürger und ihre Angehörigen", in der therapeutisch orientierte Angehörigengruppen angeboten wurden.

---

[3] Im Bereich des Caritasverbandes wurde zum ersten Mal in: Caritas. Zeitschrift für Caritasarbeit und Caritaswissenschaft 4/81 und 3/82 über die Thematik berichtet. Bis 1984 blieben die Veröffentlichungen zu diesem Themenbereich ansonsten spärlich.

Seither kamen jedes Jahr neue Veröffentlichungen zu diesem Thema hinzu, während sich bundesweit Angehörigengruppen nur vereinzelt und zaghaft bildeten, in der Regel nicht als Selbsthilfegruppen, sondern angeleitet von Mitarbeiterinnen sozialer Dienste, die dringenden Handlungsbedarf sahen. Seit Anfang der 90er Jahre ist ein regelrechter Boom entstanden, allerdings stehen umfassende Untersuchungen und Reflexionen zum Thema Angehörigengruppen noch aus.

Ein weiterer Meilenstein war die Infratest-Studie[4] im Auftrag des damaligen Bundesministeriums für Familie und Senioren. Breiter angelegt als die Studie von *Socialdata* 1980, lieferte sie zuverlässige Daten, die Grundlage für die Berechnungen der Pflegeversicherung wurden – und die Bedeutung der pflegenden Angehörigen für die häusliche Pflege bekräftigte. Mit der Einführung der Pflegeversicherung 1994 wurde dann deutlich, daß die mühevolle Lobbyarbeit für pflegende Angehörige nicht vergeblich war – viele der (auch von uns in der ersten Auflage dieses Buches) aufgestellten Forderungen nach besserer Absicherung der Angehörigen und ihrer persönlichen Unterstützung waren im Gesetz aufgenommen worden[5].

Eine in unserem Zusammenhang wesentliche Verbesserung ist, daß die Pflegekassen pflegenden Angehörigen sowie anderen „... an einer ehrenamtlichen Pflegetätigkeit interessierten Personen Schulungskurse unentgeltlich anbieten ..."[6] sollen. Davon erhofft sich der Gesetzgeber, soziales Engagement im Bereich der Pflege zu fördern und zu stärken sowie Pflege und Betreuung zu erleichtern und zu verbessern, aber auch, pflegebedingte körperliche und seelische Belastungen zu vermindern.

Diese Pflegekurse sorgten zu Beginn für Unsicherheit – werden jetzt die früheren Kurse in häuslicher Krankenpflege, die meistens von kirchlichen Sozialstationen angeboten wurden, überflüssig, treten die Pflegekassen in Konkurrenz? Werden Angehörigengruppen mit ihrem Schwerpunkt der persönlichen Bewältigung von Belastungen überflüssig? Inzwischen haben sich viele Fragen geklärt: Viele Pflegekassen greifen auf bewährte Konzepte vor Ort zurück und schließen Verträge mit den Anbietern – oder entwickelten mit großen Wohlfahrtsverbänden oder bekannten Autoren eigene Konzepte, die von erfahrenen Anbietern umgesetzt werden[7].

---

[4] Ulrich Schneekloth und Peter Potthoff: Hilfe und Pflegebedürftige in privaten Haushalten. Kohlhammer-Verlag. Stuttgart, Berlin, Köln 1993
[5] Die wichtigsten Verbesserungen im SGB XI sind in Kapitel B 8.1.1 zu finden
[6] § 45 Abs. 1 SGB XI
[7] vgl. die im Kapitel C 4. beschriebenen beispielhaften Konzepte

Angehörigengruppen in ihrer Vielfalt und unterschiedlichen Schwerpunkten haben weiterhin ihren Platz und werden häufig im Anschluß an Pflegekurse oder als Einstieg durchgeführt.

Wie bereits die Caritas-Erhebung und die vom Kuratorium Deutsche Altershilfe herausgegebene Zusammenstellung von Beispielen und Adressen von Angehörigengruppen zeigten, gibt es ein breitgefächertes Spektrum von Angeboten, variabel in Inhalt, Form, Dauer, Leitung, Zielen und Rahmenbedingungen. Diese Arbeitshilfe möchte zwar die Vielfalt berücksichtigen, andererseits Interessenten aber auch ermöglichen, ein eigenes Konzept zu entwickeln.

Mit dieser Arbeitshilfe wollen wir einen Impuls oder auch den letzten Anstoß für noch Unentschlossene geben zum Aufbau von Angehörigengruppen. Sie wendet sich an:
Leiterinnen und Mitarbeiterinnen von Sozialstationen und ambulanten Diensten,
Sozialarbeiterinnen in der Altenhilfe,
Mitarbeiterinnen von Pflegekassen,
Mitarbeiterinnen von Bildungseinrichtungen wie Familienbildungsstätten und Volkshochschulen,
Mitarbeiterinnen im pastoralen und gemeindlichen Dienst,
die mit Angehörigenarbeit befaßt sind und / oder in ihren beruflichen oder persönlichen Zusammenhängen mit Angehörigen pflegebedürftiger alter Menschen zusammenkommen und diese durch Angehörigengruppen unterstützen wollen.

Zum Aufbau und Umgang mit dieser Arbeitshilfe

Sie finden die Arbeitshilfe in drei große Teile gegliedert:
A Einführung in die Lebenssituation pflegender Angehöriger
B Schritte zum Aufbau von Gruppen
C Literatur und Materialien für die praktische Arbeit

Zu A
Die Einführung erscheint sinnvoll, um auch für jene Leser Möglichkeiten der Information und Einfühlung zu schaffen, die ohne genaue Kenntnis des Lebensumfeldes pflegender Angehöriger mit dieser Aufgabe betraut werden. Zum anderen bietet sie dem mit der Problematik vertrauten Leser die Möglichkeit, seine Erfahrungen zu verdichten und zu ergänzen.

Zu B

Der zweite Teil, der stark strukturiert und gegliedert ist, kann zum einen wie ein Nachschlagewerk genutzt werden, um einzelne, noch unklare Aspekte zu klären. Zum anderen empfiehlt es sich, ihn im Ganzen zu lesen, da wir unsere Arbeitshilfe nicht als Rezeptbuch verstehen, sondern als Anregung zum Selbertun und Ausprobieren auf der Basis der Reflexion eigener Grenzen und Möglichkeiten. Dies möchten wir in jedem einzelnen Schritt immer wieder neu anregen.

Zu C

Beispielhafte kommentierte Literatur soll die praktische Arbeit erleichtern.

Zur Vereinfachung und Lesbarkeit: Im ganzen Text verwenden wir jeweils die weibliche Form der Funktionsbegriffe wie Leiterin, Mitarbeiterin usw. sofern es sich überwiegend um von Frauen wahrgenommene Funktionen in unserem thematischen Zusammenhang handelt. Männliche Personen schließen wir damit keineswegs aus: Schon sprachlich ist die männliche Form im jeweiligen Begriff enthalten.

Teil A

Familie und häusliche Pflege – eine Einführung

Untersuchungen des Infratest-Institutes von 1993[1] zufolge ist davon auszugehen, daß ca. 3,2 Millionen Menschen in Privathaushalten der Bundesrepublik hilfe- und pflegebedürftig sind; das sind 4,1% der Gesamtbevölkerung. 1,1 Millionen haben dabei einen regelmäßigen Pflegebedarf, der pro Tag einen zeitlichen Mindestaufwand von 90 Minuten übersteigt, und haben so Anspruch auf Geld- oder Sachleistungen aus der 1994 eingeführten Pflegeversicherung.

Die meisten Menschen, die zu Hause gepflegt werden, erhalten Hilfe von Verwandten, wie verschiedene Studien gleichermaßen nachweisen, und zwar um so eher, je schwerer der Pflegegrad ist. In fast zwei Dritteln der Fälle handelt es sich bei den Hauptpflegepersonen um den Ehepartner oder einen Elternteil der Hauptpflegeperson, in anderen Studien liegt dieser Anteil noch höher[2]. Andere Pflegende sind z. B. Geschwister, Enkelkinder, Nichten, Neffen, wenn auch in erheblich geringerem Ausmaß. Seit Einführung der Pflegeversicherung werden auch schwerer Pflegebedürftige in etlichen Fällen ausschließlich von ambulanten Diensten und von Nachbarn oder Bekannten versorgt. „Familienpflege" ist dabei immer noch überwiegend Aufgabe weiblicher Familienmitglieder. Ihr Anteil beträgt ca. 83%. Mit zunehmendem Pflegegrad der Betreuten wächst der Anteil der weiblichen Hauptpflegepersonen. Männer pflegen als Ehepartner bei leichteren bis mittelschweren Pflegegraden ihre Frauen. Pflegende Söhne sind selten, und wenn, dann handelt es sich meist um solche, die keine eigene Familie haben und von jeher mit der Mutter zusammenleben. Die Mehrzahl der pflegenden Töchter ist im Durchschnitt etwa 55 Jahre alt. Das Alter pflegender Ehefrauen liegt erheblich höher, sie sind meist zwischen 70 bis 80 Jahre alt. Die Prozentzahl der pflegenden Ehefrauen/Männer an der Familienpflege liegt bei ca. 37%, die der pflegenden Töchter und Schwiegertöchter bei ca. 31%[3].

Dabei pflegen die Töchter/Schwiegertöchter überwiegend ihre Mütter/Schwiegermütter und weniger häufig den Vater/Schwiegervater. Das ist zum einen darin begründet, daß ältere Frauen überwiegend verwitwet, ältere Männer dagegen überwiegend verheiratet sind (die Lebenserwartung der Männer ist geringer und sie sind zudem meist einige Jahre älter als ihre Frauen). Zum anderen ist die Erwartung an alte Ehefrauen, ihren – auch schwerstkranken – Mann bis zur eigenen Auf-

---

[1] Ulrich Schneekloth, Peter Potthoff: Hilfe- und Pflegebedürftige in privaten Haushalten. Stuttgart, Berlin, Köln 1993
[2] Einige dieser Studien sind in Teil C aufgeführt
[3] s. Schneekloth und Potthoff a. a. O.

opferung zu pflegen, erheblich höher als die Anforderung an einen alten Ehemann. Hier springen öfter die Töchter ein und helfen entweder dem Vater, die Mutter zu pflegen, oder sie nehmen sogar beide Elternteile zu sich.

Die Pflege durch die Generation der erwachsenen Kinder, sprich: Töchter/Schwiegertöchter, ist dabei wissenschaftlich erheblich besser erforscht und auch durch die Zahl anderer Veröffentlichungen wie Romane, Artikel in Zeitschriften, Sachbücher usw. mehr im Blickpunkt als die Situation pflegender Ehepartner. Nur wenige Veröffentlichungen geben Aufschluß über ihre meist noch erheblich isoliertere und belastendere Situation[4].

Zusammenfassend läßt sich sagen: Pflege ist überwiegend eine Frauenaufgabe. Als Begründung für die „Selbstverständlichkeit", die in allen Untersuchungen von Pflegenden als Motivation für die Übernahme der Pflege angegeben wird, ist neben dem „Mythos von der pflegenden Großfamilie" (vgl. Teil A, I.1) und den Beziehungsmustern aus der Kindheit (vgl. Teil A, I.4) vor allem die weibliche Sozialisation zu nennen. Die hochgelobten weiblichen Fähigkeiten wie Wärme, Sensibilität und die „natürliche Begabung" für Hege und Pflege kehren sich unter der übergroßen Belastung, die jahrezehntelange Pflege bedeuten kann, leicht um und führen zur Unfähigkeit, eigene Bedürfnisse und Grenzen wahrzunehmen.

Die nun folgenden drei Kapitel
I. Die Situation pflegender Angehöriger
II. Die Situation des Kranken
III. Entlastungsmöglichkeiten
sollen einen Einblick geben in die noch immer verborgene häusliche Situation und in die Umstände, unter denen Familien mit einem zu pflegenden alten Menschen leben. Es werden Bereiche sichtbar gemacht, die von Außenstehenden meist nicht wahrgenommen werden und die so gar nicht den viel propagierten Vorzügen des Postulates „Ambulant vor stationär" oder „Ein alter Mensch soll so lange wie möglich zu Hause bleiben" entsprechen.

Nicht nur die Angehörigen sind häufig überfordert und überlastet, auch der pflegebedürftige Mensch mit all seinen Fähigkeiten, Wünschen, Bedürfnissen und Grenzen ist zu Hause bei seiner Familie oftmals isoliert und obendrein schlecht versorgt bzw. überversorgt, was

---

[4] z.B. Gisela Fischer et al.: Die Situation über 60 Jahre alter Frauen mit einem pflegebedürftigen Ehemann, Stuttgart, Berlin, Köln 1995

einer Verbesserung des seelischen und körperlichen Zustandes durchaus im Weg steht. (Vgl. Teil A II)[5]
Das Heim als negatives Gegenbild zur häuslichen Pflege mag bei der Beschreibung dieser Zustände seine Schrecken durchaus verlieren: Es wird im Folgenden deutlich, daß das Leid in den mit ihren Problemen alleingelassenen Familien dem der Bewohner von „totalen" Institutionen durchaus gleichkommt oder es sogar übertrifft. Das letzte Wort in diesem einführenden Teil gilt dann den Entlastungsmöglichkeiten bzw. der Frage, wie Pflege gelingen kann. Dabei möchten wir den scheinbaren Gegensatz zwischen häuslicher Pflege und der im Pflegeheim auflösen und den Blick schärfen für Alternativen.

I. Die Situation pflegender Angehöriger – Normen, Motivation, Belastung

Als Grundlage für ein vertiefteres Verständnis soll zuerst nach Ideologien, Normen und Werten gefragt werden, auf denen die Beurteilung häuslicher Pflege meistens beruht.

1. Mythen und Normen

Fast alle grundlegenden und weiterführenden Veröffentlichungen zur Situation pflegender Angehöriger setzen sich mit dem „Mythos von der pflegenden Großfamilie" auseinander. Aufgrund der vielen falschen Vorstellungen in diesem Bereich halten wir diese Auseinandersetzung ebenfalls für notwendig, weil Multiplikatoren in der Erwachsenenbildung, Pflegepersonal, Sozialarbeiterinnen in der Altenhilfe, Pfarrer u. a. mit ihrer Meinung intensiv zum Selbstverständnis pflegender Angehöriger beitragen.
Wir befinden uns, historisch gesehen, in einer völlig neuen Situation: Die Bevölkerungszahlen gehen zurück, weil immer weniger Kinder geboren werden. Gleichzeitig ist die durchschnittliche Lebenserwartung gestiegen (um 1900 lag sie bei ca. 40 Jahren, heute liegt sie bei ca. 73 Jahren für Männer und 79 Jahren für Frauen) und damit auch die Wahrscheinlichkeit, chronisch krank und pflegebedürftig zu werden.

---

[5] Durch die Einführung der Pflegeversicherung – vor allem § 37 Abs. 3 SGB XI („Pflichtbesuche" von einem zugelassenen ambulanten Dienst beim Bezug von Pflegegeld) – wurde zwar die Position des Pflegebedürftigen gestärkt als auch die Situation von Angehörigen verbessert. Allerdings kommen weniger als die Hälfte aller Hilfe- und Pflegebedürftigen überhaupt in den Genuß von Leistungen nach SGB XI.

Aufgrund der hygienischen, ernährungsmäßigen, pflegerischen und medizinischen Verbesserungen ist die Wahrscheinlichkeit hoch, auch bei schwerer Pflegebedürftigkeit noch lange zu leben (durchschnittliche häusliche Pflegedauer drei bis fünf Jahre), im Gegensatz zu früheren Jahrhunderten, wo schon eine Lungenentzündung, als Folge auch kurzer Liegezeit, beim alten Menschen oft tödlich war. Die Dauer der Pflegebedürftigkeit mag früher oft nur wenige Wochen, höchstens Monate betragen haben.
Gleichzeitig hat heute die Kinderzahl abgenommen (von ca. 4 pro Familie um die Jahrhundertwende auf ca. 1,3 heute), so daß für die Pflege von immer mehr Menschen für immer längere Zeit immer weniger Angehörige zur Verfügung stehen. Wir können also nicht mit Maßstäben einer – nur scheinbar – unproblematischen Großfamilienvergangenheit an die Probleme der heutigen Zeit herangehen. Auf neue Fragen müssen neue Antworten gesucht werden.

1.1 Alltagsmythen

Wir halten es für notwendig, auf den Mythos näher einzugehen. Folgende „Kernaussagen" sind sehr verbreitet, trotz aller wissenschaftlichen Gegenbeweise:
Früher gab es die Großfamilie.
Alte Menschen wurden in der Familie problemlos gepflegt.
Alte Menschen wurden nicht abgeschoben, sondern geachtet.
Alte Menschen waren nicht einsam und isoliert.
Diese Aussagen möchten wir im folgenden differenzieren.

„Früher gab es die Großfamilie"

Es ist richtig, daß bis in dieses Jahrhundert hinein in Westeuropa Menschen kaum allein, sondern in Familien lebten, deren durchschnittliche Größe fünf Personen betrug (heute drei). Die Größe dieser Familien kam weniger durch das Zusammenleben mehrerer Generationen zustande als vielmehr durch die höhere Kinderzahl, Knechte und Mägde (auf dem Land), Inwohner, Schlaf- und Kostgänger (in der Stadt), Saisonarbeiter, engere oder entferntere unverheiratete Verwandte wie Brüder, Schwestern, Vettern, Basen des Haushaltsvorstandes. Nur selten waren die Großeltern mit dabei. Die Mitglieder dieser „Familien", die man treffender Haushaltsgemeinschaften nennt, wechselten häufig.[6]

---

[6] vgl. dazu Michael Mitterauer: Der Mythos von der vorindustriellen Großfamilie, in: Michael Mitterauer, Reinhard Sieder: Vom Patriarchat zur Partnerschaft. Zum Strukturwandel der Familie, München 1977, S. 38–64.

Die Zahl der Mehrgenerationenfamilien wird mit ca. 13 % für die letzten Jahrhunderte angegeben (heute 3,2 %). Allerdings bestanden sie oft nur kurze Zeit. Die niedrigere Lebenserwartung und das höhere Heiratsalter sind der Grund dafür. Dagegen haben wir heute eine Vielzahl von Drei-, Vier- oder sogar Fünf-Generationen Familien, die zwar eher selten im selben Haushalt (3,2 %) miteinander leben, aber doch intensive und enge emotionale Kontakte pflegen, wie sie aus der Vergangenheit so nicht bekannt sind.

Im Gegenteil, wir müssen Abschied nehmen von unseren romantischen Vorstellungen von einem friedvollen Zusammenleben in vergangenen Zeiten: „Normale" Menschen wohnten meist unter schlechten ökonomischen Bedingungen miteinander auf engstem Raum. Die soziale Kontrolle war groß, die Abweichung von ungeschriebenen Normen schwierig. Intimität im Sinne unseres heutigen Familienverständnisses war nicht möglich [7]. Auch heute noch beklagen dies pflegende Frauen auf dem Land, die von Beginn der Ehe an mit ihren Eltern/Schwiegereltern – meist aus ökonomischen Gründen – zusammengelebt haben.

„Alte Menschen wurden in der Großfamilie problemlos gepflegt"

Wir können davon ausgehen, daß Pflegebedürftigkeit in den letzten Jahrhunderten ein bei weitem geringeres Problem von Familien und der Gesellschaft war als heute. Zum einen wurden viel weniger Menschen alt, zum anderen starben sie, einmal krank geworden, relativ schnell an Infektionskrankheiten, die die häufigste Todesursache waren. Heute erreichen immer mehr Menschen ein hohes Lebensalter, und gleichzeitig steigt mit zunehmendem Alter die Wahrscheinlichkeit, von Multimorbidität betroffen zu sein, die oftmals Grundlage von Pflegebedürftigkeit ist. So hat sich nach Berechnungen des Kuratoriums Deutsche Altershilfe die Zahl der pflegebedürftigen alten Menschen seit 1950 verdoppelt! Wir können auch davon ausgehen, daß im letzten Jahrhundert die Pflege alter Menschen aufgrund der ökonomischen, hygienischen, medizinischen und ernährungsbedingten Verhältnisse nur wenige Tage, Wochen, höchstens Monate dauerte, während Pflege heute über Jahre und Jahrzehnte gehen kann. Zwanzig, dreißig Jahre sind sicherlich nicht die Regel, aber inzwischen, wie Untersuchungen und auch unsere praktische Erfahrung zeigen, keine Ausnahme mehr.

---

[7] vgl. dazu: Marianne Künzel-Schön: Wenn Eltern älter werden, Frankfurt 1984, S. 70–83.

Auch wenn also dieses Problem „früher" seltener auftrat, war es doch für viele Familien nicht einfach zu lösen, vor allem dann, wenn sie finanziell schlecht gestellt waren und jede Arbeitskraft gebraucht wurde. Von „Pflege" in unserem heutigen Verständnis konnte da kaum die Rede sein, betrug doch schon die Säuglingssterblichkeit aufgrund der Lebensbedingungen mehr als 50 %! So hieß denn auch z. B. die Lungenentzündung, eine häufige Folge längerer Bettlägerigkeit, bis in dieses Jahrhundert hinein „die Gnädige", weil sie den Kranken gnädig, ohne große Schmerzen, von seinem Lager erlöste (das Penicillin wurde ja erst Ende der 30er Jahre marktreif!).
Ärzte waren, vor allem auf dem Land, eine Seltenheit und mußten selbst bezahlt werden. Das Wissen um Heilen und Pflegen war in der Bevölkerung verlorengegangen, und es war wenig Zeit, Kraft und Bildung vorhanden, um sich die nötigen Kenntnisse zu erwerben. Auch wurde der Tod damals von einer breiten Mehrheit eher hingenommen als heute, vermutlich kämpfte auch der Kranke nicht allzulange. Pflege ist also mit Sicherheit eher nebenbei abgelaufen, ohne große Bemühungen von beiden Seiten, den Tod allzu lange hinauszuzögern.
Die Zeit der Pflege alter Menschen war in diesem Sinne keine eigene Lebensphase für die Angehörigen und die Gepflegten selbst. Das ist dagegen heute in fast allen Familien der Fall.

„Alte Menschen wurden nicht abgeschoben, sondern geachtet"

Bedingt durch die fehlende eigene finanzielle Absicherung, nicht nur im ländlichen Bereich, waren alte Eltern in einem hohen Maß von ihren Kindern abhängig und an sie gebunden. Das Zusammenleben der Generationen war keineswegs problemlos. Die Verträge, die z. B. in Norddeutschland die Übergabe des Hofes vom Vater an den ältesten Sohn regelten, geben Zeugnis, wie wichtig Regelungen bis in Einzelheiten für alle Beteiligten waren: „Ein Sack Kartoffeln im Monat, Johannisbeeren im Norden zu pflücken, Eingang von hinten..." Das sogenannte „Altenteil", auf das sich die Eltern auf etwas wohlhabenderen Höfen zurückziehen konnten, basierte auf oft mühsam ausgehandelten Verträgen, in denen jede Seite bemüht war, ihre eigenen Lebensgrundlagen zu sichern. [8]
Aus Hessen gibt es Dokumente, aus denen hervorgeht, wie groß manchmal die Streitigkeiten waren, wenn z. B. der junge Bauer un-

---

[8] siehe dazu Heidi Rosenbaum (Hrsg.): Seminar: Familie und Gesellschaftsstruktur, Materialien zu den sozioökonomischen Bedingungen von Familienformen, Frankfurt 1978

versehens eine schlechte Ernte hatte und die Alten auf ihrem Teil bestanden, trotz abnehmender eigener Arbeitsleistung. Nicht selten mußte der Pfarrer dann gewalttätige Auseinandersetzungen schlichten helfen.
Es läßt sich für unsere Kultur in Westeuropa feststellen, daß die Alten nicht grundsätzlich geachtet wurden. Dieses hing sehr stark zum einen von der ökonomischen Situation der Familien, zum anderen aber auch von der geistigen und körperlichen Verfassung der alten Menschen ab. Solange sie noch arbeitsfähig waren und in irgendeiner Weise Leistung erbrachten, brauchten sie nicht viel zu fürchten; ließen ihre körperlichen und besonders die geistigen Kräfte nach, war es schlechter um sie bestellt. Das ist heute nicht anders. Allerdings, und das haben neuere Forschungen festgestellt, wird der geistige und körperliche Zustand der Alten immer besser. Eine heute 70jährige hat den gleichen Gesundheitszustand wie eine 60jährige vor 20 Jahren!

„Alte Menschen waren nicht einsam und isoliert"

Es ist sicher richtig, daß es in vergangenen Zeiten nur wenige alte Menschen gab, die allein lebten – die wenigsten hätten die ökonomischen und persönlichen Voraussetzungen dazu gehabt. Familie war die einzige Lebens- und Überlebensmöglichkeit, vor allem auf dem Land und in den ärmeren oder auch den adligen Schichten. Durch die Ergebnisse von Grundlagenforschung haben wir aber Hinweise darauf, daß das Verhältnis zwischen den Generationen die Alten durchaus in die Isolation treiben konnte, vor allen Dingen dann, wenn z. B. die zu versorgende verwitwete Mutter gar nicht die leibliche Mutter des Hoferben, sondern die vielleicht nur zehn Jahre ältere Stiefmutter aus zweiter Ehe war. Zweit- und Drittehen, in erster Linie für Männer, waren bis in dieses Jahrhundert hinein aufgrund der hohen Frauensterblichkeit keine Seltenheit. Manches Mal gab es Geschwister aus drei Ehen, die einander kaum kannten, weil der Altersabstand durchaus Jahrzehnte betragen konnte. Die Versorgung der Witwe konnte zu großen Problemen führen, wenn der Vater nicht vorsorgliche Regelungen getroffen hatte.
Interessant sind dazu Forschungen aus neuerer Zeit: Man hat nämlich festgestellt, daß das Getrenntwohnen der Generationen vor allem von den Älteren ausgeht. Das Zusammenwohnen geschieht meist aus Notlagen heraus und ist eher der Fall bei Verwitwung der Alten, geschiedenen oder alleinerziehenden oder verwitweten Jungen. Eine Wohngemeinschaft mit den Kindern wird von Menschen über 60 erheblich seltener gewünscht, als sie tatsächlich besteht.

Die Möglichkeit getrennten Wohnens der Generationen kann also durchaus ein Stück Lebensqualität für beide Seiten sein, weil heute die materiellen und gesellschaftlichen Voraussetzungen dazu bestehen. Schon in den 60er Jahren hat der Wiener Soziologe Rosenmayr nachgewiesen, daß es eine Fülle von Familienbeziehungen zwischen den Generationen gibt, die noch nie so vielfältig und emotional stark waren wie heute. „Intimität auf Abstand" ist das Schlagwort dafür, daß eine erhöhte Quantität familiärer Kontakte vielfach mit verminderter Qualität einhergeht, das heißt, daß häufige Begegnungen wenig mit der beiderseitigen Zufriedenheit über diese zu tun haben.[9]
Die viel zitierte Einsamkeit alter Menschen, wie sie für Mitarbeiterinnen in der Altenhilfe so häufig erlebbar wird, hängt auch nur in geringem Maße vom Zusammenleben ab. Das Ausmaß der Einsamkeitsgefühle alter Menschen drückt eher die Erwartungen hinsichtlich der Eltern-Kind-Kontakte und anderer Sozialkontakte aus als das Erleben der tatsächlichen Kontakte.[10]
Der Mythos von der Großfamilie, die für die Alten da war, hat also seine Wurzeln nicht in der fernen Vergangenheit: In diesem Jahrhundert war aufgrund des Wohnraummangels, z. B. nach den beiden Weltkriegen, das Wohnen zur Untermiete bei Verwandten durchaus üblich; mehr als 57 % der Einwohner von Orten ab 5 000 Einwohnern lebten nach dem Ersten Weltkrieg bei Verwandten, davon vier Fünftel bei den eigenen Eltern. Wissenschaftlichen Untersuchungen zufolge hätten sie dem Wohnen bei Fremden den Vorzug gegeben, die wirtschaftlichen Verhältnisse erzwangen das Gegenteil.
Viele der heute 40- bis 50jährigen haben früher mit ihren Großeltern zusammengelebt – in viel zu kleinen Wohnungen und ständig in finanzieller Not. Gerade diese Umstände mögen zu der Vorstellung geführt haben, daß es sich hier um eine Übergangssituation handelte und in besseren Zeiten das Zusammenleben weniger problematisch gewesen sei. Wesentlich für die Vorstellung vom Zusammenleben zwischen Jung und Alt scheinen also weniger vage Kenntnisse über die Situation in vergangenen Jahrhunderten zu sein als vielmehr konkrete Erfahrungen aus den letzten 50 bis 80 Jahren: Wir haben mit unseren Großeltern zusammengelebt.[11]

---

[9] vgl. Leopold Rosenmayr: Die Beziehungen zwischen den Generationen in der Familie, in: René König (Hrsg.): Handbuch der empirischen Sozialforschung, Bd. 7, Familie – Alter, Stuttgart 1969, S. 316–353
[10] vgl. dazu BMJFFG (Hrsg.): Vierter Familienbericht. Die Situation der älteren Menschen in der Familie, Bonn 1986
[11] Marianne Künzel-Schön a. a. O., S. 82

1.2 Widersprüchliche Normen

Aus diesen Erfahrungen werden fälschlicherweise Normen hergeleitet, die aber nur für wenige gelten, nämlich für die, die die Pflege übernehmen und dabei vor allem für die Frauen. Der normative Druck zur Unterhaltspflicht selbst ist für Kinder deutlich geringer geworden durch die eigene Alterssicherung der Eltern. Andererseits sind Kinder auch nicht mehr so stark vom Erbe der Eltern abhängig, denn eine gute Ausbildung ist heute meist bestimmender für die spätere wirtschaftliche Lage. Ein Großteil der gegenseitig gewährten Unterstützung zwischen Eltern und ihren erwachsenen Kindern bezieht sich denn heute auch auf den Austausch von praktischen und emotionalen Hilfen, die zumeist gern gegeben werden, solange sie gleichgewichtig sind. Kippt dieses Gleichgewicht zu Lasten der Kinder alter Eltern durch längerwährende Pflegebedürftigkeit, die unbegrenzten Einsatz erforderlich zu machen scheint, so kommt es zu einem Zustand der Regellosigkeit. Diesen Zustand bezeichnet der holländische Soziologe Knipscheer als „Anomie in der Mehrgenerationenfamilie".[12] Die Beziehung kommt aus dem Gleichgewicht, weil sie von nun an eher einseitig wahrgenommen wird. Es fehlen die Normen, die das Ausmaß der Hilfeleistung für hilfebedürftige Eltern regeln, und damit wächst die Wahrscheinlichkeit, daß man bei der geleisteten Hilfe in den Augen anderer zu weit geht. Als Fachausdruck hat sich dafür der Begriff „Überfürsorglichkeit" eingebürgert. Auch das Gegenteil, nämlich Unterversorgung, ist in der Praxis anzutreffen. Beide, „Über-" und „Unterversorgung", werden dabei überwiegend aus pflegerischer Sicht definiert bzw. durch das, was professionelles Pflegepersonal an Leistung am Kranken erbringen würde. Erwachsene Kinder, die ihre Eltern pflegen und dafür einen beträchtlichen Teil ihres Lebens opfern, sind sich ihrer Ausnahmeposition durchaus bewußt. Sie reden über ihre Hilfeleistung auf eine Art, die den Schluß nahelegt, daß sie selbst von der Anomalität überzeugt sind. Sie betonen, daß andere Menschen sagen, sie gingen in ihrer Sorge zu weit.

Auch auf der Seite der gepflegten Menschen besteht Unklarheit darüber, was sie erwarten können und was ihre Angehörigen leisten werden. Weil die wenigsten Familien offen darüber reden können, kommt es zu widersprüchlichen Erwartungen, verschiedenartigen Wahrnehmungen und Enttäuschungen, die sich in Aggressionen, Verbitterung

---

[12] C. P. M. Knipscheer: Anomie in der Mehrgenerationenfamilie: Kinder und die Versorgung ihrer alten Eltern, in: Zeitschrift für Gerontologie, 1/1986, S. 40–46

und Resignation äußern können. Das gilt auch für die Rolle der Geschwister. Da es meist keine Möglichkeit gibt, die Betreuung der Eltern untereinander zu thematisieren, wird keine echte Entscheidung getroffen, sondern diejenige pflegt, in der Regel eine Frau, die sich – aus verschiedenen Gründen – am verantwortlichsten fühlt. (vgl. dazu Kap. A.I.4)

Mögliche Ursachen dieser widerspruchsvollen, die Betroffenen sehr belastenden Situation liegen darin, daß es keine klaren Regeln für die Unterstützung alter Eltern gibt, daß eine „Kontroll-Instanz" fehlt, daß die eine Seite wenig über die andere weiß und alles nur auf Vermutungen gründet.

Auffallend ist, daß bis zu zwei Drittel der Frauen, die einen oder mehrere alte Menschen gepflegt haben, dies nicht von ihren Kindern erwarten, sondern ausdrücklich betonen, daß sie ihren Kindern auf keinen Fall zumuten möchten, sie zu Hause bei sich zu pflegen. Sicher würden einige im konkreten Fall anders entscheiden, aber diese Aussagen lassen darauf schließen, daß es einen großen Unterschied gibt zwischen den allgemeinen Normen, „einen alten Menschen so lange wie möglich zu Hause behalten" und der eigenen Erfahrung. Aussagen nach langjähriger Pflege wie „früher habe ich jeden verurteilt, der einen alten Menschen ins Heim brachte, heute denke ich anders darüber", gehen in diese Richtung.

Die „anomische" Situation für die Familie bei Pflegebedürftigkeit betrifft auch die Dauer und die Qualität der Pflege sowie die Zahl der gepflegten Personen. Anstatt Normen gibt es eine Fülle von Fragen:
Muß ich Pflegearbeit übernehmen, obwohl ich das nicht kann und will, nur weil ich mit jemandem verwandt bin?
Wie lange muß man jemanden pflegen?
Unter welchen Bedingungen?
Wo gibt es Grenzen für die geleistete Hilfe?
Bis zu welchem Grad muß man persönliche Freiheiten aufgeben?
Welche Hilfen von außen darf man in Anspruch nehmen?
Was kann man von den Geschwistern, vom Ehepartner, von den eigenen Kindern an Mithilfe verlangen?
Wieviele Personen muß man pflegen, bevor man guten Gewissens einen Schlußpunkt setzen kann?
Vielleicht wird jetzt verständlicher, warum die Pflege alter Menschen fast immer von einer Flut von Schuldgefühlen begleitet ist. Sie sind auch Ausdruck der fehlenden klaren Antwort auf solche Fragen. Schuldgefühle wirken darüber hinaus stark normierend und beeinflussen fast jede seelische Regung gegenüber dem Kranken. Sie sind so belastend, daß dies in jeder Form von Angehörigenarbeit unbedingt

berücksichtigt werden sollte, z. B. indem Bewältigungs- und Abgrenzungsmöglichkeiten auf der praktischen und emotionalen Ebene thematisiert und erarbeitet werden.

2. Motivation für die Übernahme von Pflege

Wenn im wesentlichen klare Normen fehlen, aus denen heraus Pflege übernommen wird, worin besteht dann die Motivation von Angehörigen, sich der Pflege eines alten Menschen zu widmen? Im folgenden sollen Gründe dafür angegeben werden, wie sie in den Studien zur Situation pflegender Angehöriger zusammengetragen worden sind. Dabei ist allerdings im wesentlichen nur die Motivation von Töchtern und Schwiegertöchtern untersucht worden, sicher auch deswegen, weil hier die in Kapital I 1.2 beschriebene Anomie am größten ist. Für einen Ehe- oder Lebenspartner entscheidet man sich, Eltern oder Schwiegereltern dagegen hat bzw. bekommt man.

In allen Studien trifft man auf das Element der „Selbstverständlichkeit" als den am häufigsten genannten Grund, den pflegende Frauen angeben. Diese Selbstverständlichkeit, so eine Kasseler Studie zur „Pflegebereitschaft der Töchter"[13], drückt normative und moralische Vorstellungen aus, die in Form von Schuldgefühlen, wenn man es nicht täte, verinnerlicht sind. Wie schon im letzten Kapitel angesprochen, gilt dies bei mehreren Geschwistern bei der Pflege der Eltern in der Regel nur für eines. Hinter dieser „Selbstverständlichkeit", die folglich einer durchaus persönlichen Norm entspricht, aber unglaublich stark wirkt, verbergen sich denn auch äußerst komplexe Ursachen, von denen einige nur kurz erläutert werden sollen.

Häufig steht hinter der Selbstverständlichkeit ein *Pflichtgefühl,* das weniger mit der aktuellen Beziehung, z. B. zwischen Mutter und Tochter, zu tun hat, als mit Kindheit und Sozialisation: „Man ist doch irgendwie verpflichtet, einen alten Menschen bei sich zu behalten, schließlich ist man doch auch versorgt worden!" drückte es eine Frau aus.

Auch *christliche Nächstenliebe und Mitleid,* verbunden mit einer caritativen Einstellung „ich habe immer versucht, allen zu helfen", beziehen sich weniger auf das konkrete Verhältnis zum Gepflegten selbst als auf eine allgemeine Haltung Menschen gegenüber, insbesondere Familienangehörigen, die Hilfe brauchen.

Dagegen ist z. B. *Wiedergutmachung* eine Motivation, die auf ganz konkreten Erfahrungen und der Beziehung zum gepflegten Menschen

---

[13] Maren Bracker u. a.: Die Pflegebereitschaft der Töchter, Wiesbaden 1988

selbst beruht. Eine Frau, die eine sehr problematische Beziehung zu ihrer Mutter hatte, sagte: „... an der Mutter ein wenig von dem Vielen wiedergutmachen, das sie an mir getan hat". Die Mutter saß, als sie ein Kleinkind war, nächtelang an ihrem Bett, weil sie Asthma hatte und Erstickungsanfälle bekam.

Diese Wiedergutmachung kann sich auch auf die nähere Vergangenheit beziehen und ohne Schuldgefühle als Dankbarkeit wahrgenommen werden, wenn z. B. die nun hilfebedürftige Mutter ihrer Tochter die Berufstätigkeit ermöglicht hatte, indem sie für die Enkel sorgte, wofür die Tochter nun ein Stück zurückgeben möchte. Der Umfang der übernommenen Pflege wird von den Töchtern allerdings auch gemessen an dem, was ihnen früher gegeben wurde. Je größer die Diskrepanz ist, desto stärker ist die heutige Pflege mit inneren Konflikten verbunden.

Ein weiteres Motiv, das sehr stark normierend wirkt, ist z. B. ein „gegebenes Versprechen" dem Gepflegten selbst oder dem verstorbenen anderen Elternteil gegenüber: „Versprich mir, daß du für Mutter sorgst, wenn ich nicht mehr bin."

Auch *finanzielle Motive* haben, besonders auf dem Land, eine große Bedeutung. Der Hof, der auf der Basis von Verträgen übergeben wurde, in denen die Auflage besteht „zu erhalten in gesunden und in kranken Tagen"; ein Haus, das die Großeltern mit der jungen Familie finanziert haben mit der Verpflichtung, im Pflegefall für sie zu sorgen. In solchen Fällen ist es für Angehörige fast unmöglich, die Pflege nicht selbst zu leisten. Geschwister fühlen sich, auch wenn sie das bessere Verhältnis hatten, nur selten mitverantwortlich, da das Finanzielle stark normierend zu wirken scheint. Die meisten Frauen in den wissenschaftlichen Untersuchungen haben schon vor der Pflege mit den von ihnen Betreuten zusammengelebt, entweder im selben Haus oder aber in unmittelbarer Nähe. In der Praxis machen wir allerdings zunehmend die Erfahrung, daß es wegen der Hilfebedürftigkeit zum Zusammenleben kommt oder aber dieses geplant wird, wozu z. B. die Teilnahme an Angehörigengruppen vorbereiten soll. Entgegen ersten Annahmen scheint die Pflegebereitschaft durch die Geldleistungen der Pflegeversicherung aber nicht grundsätzlich erhöht zu werden, höchstens Mitnahmeeffekte sind nicht auszuschließen[14].

---

[14] Adalbert Evers, Ulrich Rauch: Geldleistungen in der Pflegeversicherung. Motive und Mittelverwendung bei Personen, die im Rahmen des Pflegeversicherungsgesetzes die Geldleistungsalternative in Anspruch nehmen. Pilotstudie an der Justus-Liebig-Universität Gießen, 1996

Das Zusammenwohnen an sich scheint die Selbstverständlichkeit zu erhöhen, einen alten Menschen zu pflegen, allerdings nur für die weiblichen Familienmitglieder. Die Norm heißt hier: Pflege ist Frauenarbeit; z. B. siedelt die Mutter, die jahrelang im Haus des Sohnes gelebt hat, bei Hilfebedürftigkeit eher zur Tochter über, auch wenn sie zum Sohn ein besseres Verhältnis hat und ihm die größeren Zuwendungen galten – es sei denn, die Schwiegertochter läßt sich „Selbstverständlichkeit" auferlegen ...
In wenigen Fällen machen sich die Frauen klar, was die Übernahme von Pflege bedeuten kann. Pflege aus dem Zusammenwohnen heraus überfordert meist die bisherige Beziehungsregelung und führt, wenn nicht die gegenseitigen Erwartungen klar abgesprochen werden, zu zermürbenden Konflikten aus der oben ausgeführten „anomischen" Situation heraus. Die meisten Frauen gehen davon aus „... der Mutter noch ein, zwei schöne Jahre bereiten", „... Gott, die Frau ist achtzig und hat ein schwaches Herz"; daß aber daraus z. B. 16 Jahre werden können (wie im Fall einer Tochter, die mit 57 die Pflege ihrer 80jährigen Mutter übernahm und diese mit 96, dank hervorragender Pflege, immer noch von ihr betreut wird) stellen sich nur wenige vor. Unter Umständen dauert die Pflege der Elternpersonen (Vater, Mutter, Schwiegereltern...), aber auch eines einzelnen Elternteils, länger als die Zeit von Kindheit und Jugend, die die Basis der heutigen Motivation ist.
Bei einer früher emotional guten Beziehung sind die innere Bereitschaft und vor allem die Belastbarkeit von Pflegepersonen erheblich höher als bei einer früher schlechten Beziehung, was sich besonders bei mehrjähriger Pflege auf alle Beteiligten auswirkt. Für Außenstehende ist es allerdings erstaunlich, wieviele Frauen z. B. ihre Mütter pflegen, von denen sie ausdrücklich angeben, eine schlechte oder schwierige Beziehung gehabt zu haben und zu haben. Häufig pflegt z. B. von mehreren Kindern gerade das, das am meisten Konflikte mit der Mutter hatte und mit ihr auf intensive Weise verbunden ist: durch Abhängigkeit und Schuldgefühle, z. B. nicht dankbar genug gewesen zu sein. Es pflegt auch häufig das ehemals „schwarze Schaf" der Familie, das immer zu kurz gekommen ist und nun hofft, durch besonders aufopferungsvolle Pflege endlich die ersehnte Anerkennung zu erhalten – die dann meistens ausbleibt. Auch gegenüber den Geschwistern können Schuldgefühle bestehen, aus denen heraus Pflege übernommen wird, z. B. wenn die Pflegende als Kind immer bevorzugt wurde.
In Übereinstimmung mit den erwähnten Untersuchungen stellen wir fest, daß in den meisten Fällen Pflege nicht aus einer offenen, partnerschaftlichen Beziehung heraus übernommen wird, sondern aus einer

Vielzahl von Motiven, die oft erst nach langen Gesprächen mit den Betroffenen zugänglich sind.

3. Belastungen

In dem nun folgenden Kapitel sollen einige der Belastungen, von denen pflegende Frauen besonders betroffen sind, aufgezeigt werden.

Schon an dieser Auswahl der belastenden Faktoren in der häuslichen Pflege wird deutlich, daß es einen Unterschied gibt zwischen objektiver Last und subjektiver Belastung. Die objektive Last läßt sich z. B. erfassen durch den Umfang der Pflege, den Grad der Betreuungsbedürftigkeit des kranken Menschen und die Rollen und Aufgaben der pflegenden Person, die sie zusätzlich zur Pflege wahrnehmen muß, z. B. Kindererziehung, Berufstätigkeit, die Aufgaben als Ehefrau. Die subjektive Last dagegen ist das Belastungsempfinden, das nur in geringem Maße mit der objektiven Last in Zusammenhang steht.

Beispiel:
Frau M. hat drei Kinder, Haus und Garten. Sie arbeitet halbtags als Arzthelferin. Ihr Mann ist Diplom-Ingenieur und hält sich viel im Ausland auf. Sie pflegt ihre schwerkranke Schwiegermutter bei sich im Haus und hilft ihrem Vater zweimal in der Woche, seinen Ein-Personenhaushalt zu führen. Sie ist sehr ausgelastet, kommt mit ihrer Situation aber im wesentlichen zurecht. Im Gegensatz dazu Frau Sch.: Sie lebt mir ihrer Mutter zusammen in einer Drei-Zimmerwohnung. Die Mutter leidet an der Parkinsonschen Krankheit, sitzt aber nicht im Rollstuhl. Frau Sch. erlebt sich als äußerst belastet und klagt viel.

Veränderung der eigenen Lebensplanung

Wie schon beschrieben, wird Pflege oft unter einer zeitlich eng begrenzten Perspektive übernommen. Das aber bedeutet, daß Zukunftspläne, z. B. für die Zeit nach der eigenen Pensionierung oder der des Partners, immer wieder zurückgestellt, verändert oder ganz aufgegeben werden müssen.

Beispiel:
Frau A., damals 60 Jahre, plante, mit ihrem Mann nach dessen Pensionierung in einigen Jahren Reisen ins Ausland zu machen, sie wollte noch Russisch lernen, ihre Tochter in Amerika besuchen. Inzwischen pflegt sie ihre Mutter seit zehn Jahren und ist selbst nicht mehr gesund – die Reisen macht ihr Mann jetzt allein.

Die – meist unbewußte – Lebensplanung vieler Menschen orientiert sich stark an Werten, die erst in den letzten Jahrzehnten entstanden sind und durchaus konflikthaft im Gegensatz zur Norm der selbstverständlichen Pflege alter Menschen stehen: Nach Kindheit, Schule, eventuell Ausbildung, Beruf, Heirat, Kindern, „nachelterlicher Gefährtenschaft" will man ein schönes Alter, in dem nachgeholt werden kann, was versäumt wurde, und dann einen möglichst schnellen und schmerzlosen Tod. Die Pflege der Eltern oder des Partners über einen längeren Zeitraum hinweg ist in diesen Vorstellungen meist nicht enthalten.

Das bedeutet für Pflegende unter Umständen einen ständigen Konflikt: Die Frauen sehen ihre eigene Zeit verrinnen und dabei ihre Pläne sich in Nichts auflösen. Sie entwickeln Wut, Aggression und Verzweiflung, die sich gegen sie selbst oder all die richten können, die ihre Zeit freier planen können: die eigenen Geschwister, Nachbarn, Freunde, Bekannte, aber vor allem auch gegen den gepflegten Menschen. Gleichzeitig sagen sie sich, daß der oder die Kranke nichts dazu kann, was zu Schuldgefühlen führt und dann wiederum zu besonderen Bemühungen, die beide Seiten überfordern. Auch dem Partner gegenüber sind Schuldgefühle häufig, „weil er auf so vieles verzichten muß", z. B. wenn es sich um ein älteres Ehepaar handelt und die Frau ihre Mutter pflegt.

Bei der Pflege des eigenen Ehepartners ist diese Veränderung der Lebensplanung noch gravierender, weil alle Pläne sich in der Regel auch auf ihn als Person bezogen haben. Pflege wird noch viel stärker zur Lebensform, besonders für pflegende Frauen[15]. Die wenigsten Ehefrauen wagen eigene Pläne für die Zeit nach der Pflege zu machen, wie dies durchaus bei Töchtern der Fall ist.

Angebundensein

Eine große Belastung, die von allen Pflegenden angegeben wird, stellt die Notwendigkeit ständiger Anwesenheit dar. Diese ist besonders bei dementen und desorientierten alten Menschen gegeben und erhöht sich im Laufe der Jahre eher, als daß sie sich verringert – ganz im Gegensatz zur Pflege und Versorgung eines Kindes, mit der die Pflege alter Menschen oft verglichen wird. Kinder entwickeln sich in der Regel zur Selbständigkeit hin. Schon nach einiger Zeit kann man sie kurzzeitig anderen Menschen anvertrauen. Man kann sie überallhin mitnehmen und ihnen immer mehr zumuten, im Gegensatz zu alten und kran-

---

[15] vgl. Gisela Fischer a. a. O.

ken Menschen. Im Rollstuhl z. B. mit dem Vater einkaufen zu gehen, ist kein Zuckerschlecken: Die vielen Hindernisse, die neugierigen Blicke, die zusätzliche Arbeit mit dem An- und Auskleiden, Angst vor dem „Malheur" bei Inkontinenz und nicht zuletzt die Überforderung, die beim alten Menschen auftreten kann, halten die meisten Angehörigen von solchen Spaziergängen ab.

Pflegende Ehefrauen und alleinstehende pflegende Töchter kommen oft wochenlang kaum aus der Wohnung, außer für hastige Einkäufe und kleine Erledigungen – wenn es ihnen nicht gelingt, in ihr häusliches Pflegearrangement hilfreiche außenstehende Personen frühzeitig miteinzubeziehen. Die Frauen sind auch dann ständig in Sorge, es könne etwas passieren, vor allem, wenn ihr Patient verwirrt ist.

Das Angebundensein hat auch einen psychischen Aspekt. Viele Pflegende berichten davon, kaum abschalten zu können, auch wenn sie endlich einmal die Möglichkeit haben, für Tage oder Wochen Urlaub zu machen. Die Gründe liegen zum einen in der übergroßen seelischen und körperlichen Anspannung, die verhindert, von einem bestimmten Zeitpunkt an loszulassen, zum anderen in der überfürsorglichen Beziehung zur gepflegten Person. Diese ist häufig verbunden mit einem hohen Grad kindlicher Gebundenheit und Abhängigkeit, die es schwer machen, sich innerlich einmal ganz zu befreien. Auch der Kranke trägt aufgrund alter Beziehungsmuster dazu bei . . . „du warst halt schon immer egoistisch, und jetzt läßt du mich so lange allein"!

Ausschließliche Zuständigkeit

für alle Belange der Pflege, wie sie pflegende Frauen häufig beschreiben, gehört auch in diesen Zusammenhang. Zum einen läßt sich nachweisen, daß sie sehr wenig Unterstützung von außen erfahren, das gilt vor allem dann, wenn die Anspruchsvoraussetzungen für die Leistungen der Pflegeversicherung nicht erfüllt sind. Auch die übrigen Familienmitglieder wie Ehemann und Kinder beteiligen sich in der Regel nur selten an der Pflege. Zum anderen fällt es vielen pflegenden Frauen schwer, um Hilfe zu bitten, diese anzunehmen und damit auch einen Teil der positiven Elemente der Pflegebeziehung abzugeben. Dazu gehört auch das Gefühl, unentbehrlich und unersetzlich zu sein und dafür Dank und Anerkennung zu erhalten oder sie fordern zu können. Fremde Hilfe anzunehmen bedeutet aber auch, sich eigene Überforderung eingestehen zu müssen. Auch spielt die Befürchtung eine Rolle, durch die Inanspruchnahme von Diensten – und damit fremden Menschen – von diesen abhängig zu werden.

Wenn die Mitarbeiterin eines ambulanten Pflegedienstes kommt und die Pflegende sich später anhören muß: „Schwester Greta ist aber viel zarter als du!", fühlt sie sich in Frage gestellt und Konkurrenz ausgesetzt, hat das Gefühl, nicht gut genug zu pflegen. Andererseits wollen viele Kranke auch nicht von Fremden versorgt werden oder wehren sich gegen Veränderungen in der Pflege.

Familien, in denen die pflegende Frau Zuständigkeiten an die anderen Familienmitglieder abgibt oder sie ganz selbstverständlich „zumutet", gibt es wenige. Dort verteilt sich die Last besser – obendrein hat der alte Mensch mehr zuverlässige Ansprechpartner.

Verschlechterung des Gesundheitszustandes

Als sehr belastend erleben Pflegende die unter Umständen kontinuierliche Verschlechterung des Gesundheitszustandes chronisch kranker Hochbetagter. Auf der einen Seite geben sie sich größte Mühe, andererseits müssen sie doch erleben, daß sie gerade dadurch womöglich Leiden verlängern oder aufrecht erhalten: „Ich weiß doch gar nicht, ob ich ihr etwas Gutes tue, jeden Tag hinaus und hinein ins Bett. Sie kann nichts mehr sagen, schaut mich nur so traurig an."

Pflegende wissen meist wenig über die Krankheiten des alten Menschen und ihre Auswirkungen, über Rehabilitationsmöglichkeiten und Prognosen. Nur ca. 20 % nehmen Hilfe von ambulanten pflegerischen Diensten in Anspruch, die anderen pflegen meist ohne besondere Kenntnisse und fachliche Unterstützung. Das ist deswegen so gravierend, weil z. B. falsche Haltungen beim Heben oder Tragen auf Dauer eigene gesundheitliche Probleme hervorrufen können. Zwar müssen Bezieher der Geldleistung nach dem Pflegeversicherungsgesetz alle drei bis sechs Monate einen Pflegeeinsatz in Anspruch nehmen, aber in der Regel wird hier das Augenmerk auf den Pflegebedürftigen gelegt. Mangelndes Wissen über das, was der jeweilige Kranke braucht und was nicht, macht die Pflege zusätzlich schwer. Hinzu kommt, daß die älteren, kränkeren Pflegebedürftigen von den älteren, selbst schon kranken Pflegenden gepflegt werden. Bei alten Ehepaaren pflegt manches Mal der eine den anderen; es ist für Außenstehende nicht erkennbar, wer wem mehr helfen muß. Manches Mal kommt man zu dem Schluß, daß es wohl auch eine Definitionsfrage bzw. eine Frage von Macht und Ohnmacht sein könnte. Der schwächere Partner wird als krank definiert, der stärkere pflegt.

Nähe zum Tod

Eine weitere große Belastung stellt für viele Angehörige die Nähe zu Tod und Sterben dar. Es ist kaum üblich in unserer schnellen, auf Leistung bedachten Gesellschaft, den Tod als die letzte und vielleicht wichtigste Entwicklungsaufgabe anzusehen, sondern er erscheint als Betriebsunfall, den es möglichst lange hinauszuzögern gilt. Die Angst vor dem Tod kommt auch darin zum Ausdruck, daß zwar ca. 80 % aller Pflegebedürftigen zu Hause versorgt werden, aber ca. 80 % in Institutionen sterben. Von seiten der niedergelassenen Ärzte wird häufig im letzten Moment noch in Krankenhäuser eingewiesen, teils auf Betreiben, teils aber auch gegen den Willen von Angehörigen. Mitarbeiterinnen von ambulanten Diensten machen allerdings die Erfahrung, daß von ihrer Seite manchmal wenige Anstöße genügen, um den Angehörigen mehr Mut zu machen, den Tod anzunehmen und auch mit den Kranken offen darüber zu sprechen, wenn diese Gesprächsbereitschaft signalisieren. Auch die an Bedeutung gewinnende Hospizbewegung und ihre Öffentlichkeitsarbeit lassen langfristig Änderungen in dieser Hinsicht erwarten.

Fehlende Anerkennung

Viele Angehörige erfahren tagtäglich, daß ihre Arbeit wenig oder gar keine Anerkennung erfährt von anderen Familienmitgliedern, Geschwistern, Nachbarschaft und Gemeinde, im Grunde genommen von der ganzen Gesellschaft. Sie erfahren immer noch, daß Pflege kranker alter Menschen etwas Unaussprechliches ist, über das man am besten nicht redet. „Wer will denn schon hören, ob meine Mutter wieder ins Bett gemacht hat oder ausnahmsweise auf den Topf gegangen ist!" Wenn von Seiten der chronisch kranken Menschen Äußerungen von Dank oder Zufriedenheit ausbleiben, sie sich im Gegenteil über ihr Schicksal beklagen und sich nach dem Tod sehnen, sehen sich viele Angehörige um die Früchte ihrer Arbeit betrogen. „Das ist das Schlimmste, diese Klagen, daß sie nicht mehr leben will."
Die fehlende Anerkennung drückt sich für Angehörige auch darin aus, daß es oft sehr schwierig ist, finanzielle Hilfe, z. B. Pflegegeld, zu bekommen oder auch, wenn nach einem kurzen Besuch des Medizinischen Dienstes nur eine niedrige Pflegestufe bewilligt wird, obwohl die subjektive Last sehr hoch ist.

Demenz und Verwirrtheit

Demenz, z. B. die Alzheimersche Erkrankung oder die vasuläre Demenz (im Volksmund „Verkalkung"), und die daraus resultierende Verwirrtheit bzw. Desorientierung sind weitere große Belastungen, weil die Beziehung in den Grundfesten erschüttert wird. Durch die Erkrankung eines Familienmitglieds an einer Demenz gerät in der Regel das familiäre Gleichgewicht aus der Balance. Immer wieder sind neue Anpassungsleistungen erforderlich[16]. Wenn der einst so dominierende, geistig aktive Vater seelisch-geistig zum Kleinkind wird und womöglich seine Tochter nicht mehr erkennt, ist das eine Belastung, zu deren Bewältigung eine reife, abgelöste Haltung und viel Unterstützung gehören, wovon im Kapitel A.III. „Entlastungsmöglichkeiten" noch die Rede sein wird.

Die Kranken brauchen ständig Ansprache und Orientierung. Sie können praktisch überhaupt nicht mehr alleingelassen werden. Nicht umsonst heißt der bekannte Ratgeber von Mace und Rabins „Der 36-Stunden-Tag".

Es ist aber vor allem die Summe von psycho-sozialen Dauerbelastungen für alle Beteiligten, die die Krankheit so schwer verkraftbar macht. Es beginnt bereits mit dem Diagnoseprozeß: Bis den Angehörigen bewußt wird, daß es sich um eine ernsthafte Krankheit handelt, sind dem Pflegebedürftigen bereits vielfältige Vorwürfe gemacht worden – wie willentliche Fehlhandlungen oder in Kauf genommene Nachlässigkeit[17]. Ein Teufelskreis von Schuldgefühlen kann dadurch in Gang gesetzt werden.

Verwirrtheit kann aber auch, besonders bei Hochbetagten, als akuter Verwirrtheitszustand (medizinisch: Delir) auftreten. Die Hauptursachen sind Flüssigkeitsmangel, akute Erkrankungen, Nebenwirkungen oder Wechselwirkungen von Medikamenten, Vitaminmangel u. v. m.[18] Wenn die Ursachen – oft mehrere gleichzeitig – gefunden und beseitigt werden, ist diese Art von Verwirrtheit, die durchaus längere Zeit anhalten kann, reversibel – die Belastungen der Angehörigen durch solche Situationen sind allerdings enorm.

---

[16] vgl. Helga Zsolnay-Wildgruber: Alzheimer Kranke und ihr primäres Bezugssysem. Grundlegene Untersuchung für ein Kommunikationstraining pflegender Angehöriger. Freiburg 1997, S. 56–57
[17] s. Helga Zsolnay-Wildgruber a. a. O., S. 67
[18] s. Albert Wettstein et al.: Checkliste Geriatrie. Stuttgart 1997

Isolation

Mit zunehmender Dauer der Pflege kommt es nicht nur zum Nachlassen der eigenen Kräfte und damit oft zu gefährlicher Pflege, sondern auch zur eigenen Isolation. Dies betrifft vor allem Angehörige, die mit dem kranken Menschen allein leben wie Ehepartner und ledige oder verwitwete Töchter.

Die Kranken sind isoliert durch ihre fehlende Mobilität, ihre Zentriertheit auf die Krankheit und ihre Bewältigung, durch die Einengung ihres Horizontes, durch überfürsorgliche Pflege, die ihnen Möglichkeiten eigenen, kompetenten Handelns nimmt (vgl. auch Kapitel A.II. und III). Die Pflegeperson isoliert sich mit steigenden Anforderungen und Zunahme der Beziehungskonflikte. Sie kommt kaum noch aus dem Haus, hat kaum noch Freunde und Bekannte – und entwickelt aufgrund dieser Bedingungen häufig selbst psychische Veränderungen.

Besonders gravierend wirken sich diese Isolation und ihre Folgen für die Zeit nach der Pflege aus, wo dann u. U. nur noch wenige eigene Ressourcen für die Gestaltung des eigenen Lebens zur Verfügung stehen.

Eheprobleme und Erziehungsprobleme

In sehr vielen Familien, in denen ein alter Mensch von der Tochter oder Schwiegertochter versorgt wird, kommt es zu großen Familienproblemen. Der Partner fühlt sich vernachlässigt, vor allem dann, wenn es sich um seine/n Schwiegermutter/-vater handelt. Oder aber er kann sich nicht abgrenzen von seiner eigenen Mutter, die von seiner Frau gepflegt wird. Auch bei den Kindern kann es zu Problemen kommen, wenn die Eltern, vor allem die Mutter als Hauptpflegeperson, keine Zeit mehr haben und ständig unter Druck sind.

Die unseres Erachtens größte Belastung stellen Beziehungsprobleme zwischen Pflegenden und Gepflegten, aber auch im ganzen Familiensystem, dar. Darum gehen wir im folgenden in einem eigenen Kapitel darauf näher ein.

4. Pflegeprobleme als Beziehungsprobleme im Familiensystem

In allen Untersuchungen zur Situation pflegender Angehöriger wird immer wieder deutlich, daß es nicht so sehr die pflegerischen Tätigkeiten sind, die Angehörige so stark belasten, sondern vor allem Beziehungsprobleme, die in der Pflege auftreten oder durch sie verstärkt werden.

Jede Pflege hat ihre Geschichte, die bis weit in die Vergangenheit hinein reicht. Selten nur lassen sich allein aus der momentanen Situation hinreichende Erklärungen für das oft schwierige Verhältnis zwischen Pflegenden und Gepflegten finden. Auch die Rolle der Geschwister der Pflegenden, wenn es sich um die Elternperson handelt, ist nur im „familienhistorischen" Kontext verständlich. Wie oft beklagen sich Frauen, daß ihre Geschwister keine Hilfe, sondern zusätzliche Belastung sind und ihnen das Leben zur Hölle machen, statt Dankbarkeit und Anerkennung zu zeigen! Sie werden von ihnen bezichtigt, nur das Geld der Eltern zu wollen und sich an den Ersparnissen zu bereichern, wenn diese für größere Anschaffungen zur Verbesserung der Pflegesituation ausgegeben werden, z. B. für ein Auto. Beklagen sich die Frauen über ihre Situation, hören sie häufig, „dann gib sie doch ins Heim, aber du weißt ja, was das für Mutter bedeutet!"

Um zu begreifen, was hier abläuft, ist es wichtig, Familie von Anfang bis Ende als ein System zu verstehen, das in uns existiert bis zum Tod und darüberhinaus für die, die weiterleben[19]. Jeder behält darin seine einmal in der Kindheit eingenommenen Rollen, wenn sich die Beziehungen nicht weiterentwickelt haben. Der jüngste Sohn, der von der Mutter bevorzugt und über Gebühr verwöhnt wurde, die beiden Töchter, von denen die eine studieren durfte, die andere aber die mittlere Reife nicht schaffte, der älteste Sohn, der als schwarzes Schaf galt und mit seinem Vater schon früh gebrochen hat – all dies ist Grundlage heutigen Geschehens. Werden jetzt die Eltern hinfällig, ist der Vater gar verwirrt und in seiner Kompetenz sehr eingeschränkt und die erwachsenen Kinder bemerken, daß die Mutter dies physisch und psychisch nicht mehr allein verkraftet, kommt es zu einem Tiefpunkt des Lebens einer ganzen Familie, einschließlich Schwieger- und Enkelkindern.

Selten ist schon vor Eintreten von Betreuungsbedürftigkeit von allen gemeinsam überlegt worden, was in so einem Fall geschehen könnte. Im oben geschilderten Beispiel ist es sehr wahrscheinlich, daß z. B. die Tochter ohne Studium die Pflege übernimmt. Das wird weniger davon abhängen, ob sie günstige Wohn- und Lebensbedingungen hat, sondern vielmehr davon, wie stark ihr Bedürfnis ist, den Eltern und Geschwistern zu beweisen, daß sie auch eine „gute Tochter" ist. Die anderen Geschwister werden darauf einerseits erleichtert reagieren, wird doch die Übersiedlung alter Eltern ins Heim als „symbolische Verstoßung" wahrgenommen, andererseits werden auch Eifersucht, Rivalität

---

[19] vgl. auch H. E. Richter: Patient Familie. Entstehung, Struktur und Therapie von Konflikten in Ehe und Familie, Reinbek 1972

und Schuldgefühle eine Rolle spielen: Eifersucht und Rivalität, weil die Schwester jetzt „alles" von den Eltern bekommt, ihr Geld, ihre Zuwendung, u. U. sogar ihre Dankbarkeit und Anerkennung; Schuldgefühle, weil sie mitbekommen, wie belastet die Schwester möglicherweise ist, und sie selbst viel leichter leben können als diese.
Die Reaktion der Geschwister ist seltener Unterstützung für die Schwester als vielmehr Abwehr, die sich u. U. sogar in Form von Beschuldigungen und Verdächtigungen äußert. Die pflegende Frau tritt in der Regel auch nicht an ihre Geschwister heran, um mit ihnen gemeinsam nach Lösungen zu suchen.
Jüngere Frauen scheinen dies noch am ehesten zu tun wie z. B. eine 40jährige verheiratete Sonderschullehrerin mit zwei Kindern, die nach zweijähriger Pflege der mehrfach chronisch kranken Mutter sich ihre Überforderung eingestehen konnte. Sie stellte ihre ältere, weit entfernt lebende und kinderlos verheiratete Schwester vor die Alternative, „entweder, die Mutter muß ins Heim oder wir teilen uns die Pflege – sechs Monate bei dir, sechs Monate bei mir." Da die Mutter früher oft wochenlang bei der älteren Tochter zu Besuch war, war die Umstellung auch für sie kein Problem.
Beziehungsprobleme stehen auch zwischen Pflegenden und Gepflegten im Vordergrund: Warum setzen Pflegende überzogenen Anforderungen von seiten der Kranken keine Grenzen? Warum stellen sie nicht klar, daß es sie auch noch gibt, warum opfern sie sich auf und beziehen ihre Kinder oder Geschwister nicht ein? Warum „erlauben" sie es dem Kranken andererseits nicht, selbständiger zu sein, und bevormunden ihn? Warum beklagen sie sich ständig, nehmen aber keine Hilfen an? Besonders gravierend ist dies, wenn Ehepartner oder einzige Töchter pflegen.
Die Rollenumkehrungen, die durch chronische Erkrankungen und vor allem bei chronischer Verwirrtheit entstehen, müssen nicht nur von der kranken, sondern vor allem von der pflegenden Person verkraftet werden. Wo dies nicht gelingt, wird z. B. die erwachsene Tochter weiterhin versuchen, ihrer dementen Mutter ein „gutes Kind" zu sein. Sie wird deren Defizite leugnen und die Mutter unbewußt immer wieder in die Position der Überlegenen hineinmanövrieren wollen und verzweifelt, zornig oder aggressiv sein, wenn das nicht gelingt. Andererseits wird sie spüren, daß die alte Frau überfordert ist, und dann mit starken Schuldgefühlen büßen, die wiederum Aggressionen für beide Seiten bedeuten. Die Mutter wird ihren Machtverlust, wenn sie ihn nicht annehmen kann, damit kompensieren, daß sie in klaren Momenten auf der früheren Beziehung beharrt oder aber ihrerseits Defizite verleugnet, z. B. Kot und Urin, die neben die Toilette gingen, werden bei

Nachfragen kommentiert „das war ich nicht, das war deine Tochter!" Es entstehen Teufelskreise, die durchaus Gewalt auf beiden Seiten hervorrufen können, wenn es nicht zur Entlastung kommt. [20] Das erleben Mitarbeiterinnen von ambulanten Diensten sehr häufig oder sie vermuten dies. Die Beziehungsprobleme haben besondere Bedeutung auf dem Hintergrund der „anomischen" Situation, der Isolation und der geringen Möglichkeit, sich sozial akzeptiert zu beklagen.
Im folgenden soll die Situation pflegender Ehefrauen und -männer näher betrachtet werden.

5. Pflege in Ehe und Lebenspartnerschaft

Es gibt, wie mehrfach erwähnt, einige Unterschiede zwischen pflegenden Töchtern und pflegenden Ehepartnern[21]. Im folgenden setzen wir uns differenzierter mit der Situation, in der Ehe zu pflegen, auseinander.

Ehe- und Lebenspartner bilden die größte Gruppe der Hauptpflegepersonen, nämlich 43 % bei Hilfe- und 37 % bei Pflegebedürftigkeit, wobei bei Pflegebedürftigkeit die Zahl der pflegenden Ehefrauen ca. doppelt so hoch ist wie die der männlichen (24 % weiblich, 13 % männlich)[22].

In den letzten Jahren erst ist das Interesse der Forschung an pflegenden Ehepartnern gestiegen[23] vor allem im Zusammenhang mit der Alzheimer Erkrankung[24]. Wir führen das geringere Interesse u. a. darauf zurück, daß die Normen, sprich: die Pflicht zur Pflege, in dieser Pflegekonstellation deutlich stärker sind. Es ist sicher kein Zufall, daß sich die ersten Studien mit Mehr-Generationen-Pflege befaßten, da hier die Normen erheblich unklarer sind.

Zu Beginn einige Überlegungen zur soziodemographischen Entwicklung der Ehe: Wenn wir den Faden von Kapitel A.I.1 „Mythen und Normen" aufgreifen, so ist die „Pflege in der Ehe" in dem heutigen Umfang ebenfalls neu. Eine „nachelterliche Gefährtenschaft", wie sie als Begriff in der Familiensoziologie in den 50er Jahren geprägt worden ist, ist ein Kind unseres Jahrhunderts: daß nämlich Ehepaare nach Auszug

---

[20] Karl-Heinz Urlaub: Gewalt gegen alte Menschen in familiären Pflegebeziehungen. In: Presse- und Informationsdienst des Kuratoriums Deutsche Altershilfe 2/1990, S. 9–14
[21] Die Begriffe „Ehe" und „Ehepartner/in" werden im folgenden auch als Synonyme für langjährige Lebenspartner(schaften) verwendet
[22] Ulrich Schneekloth und Peter Potthoff a. a. O. S. 128 f.
[23] s. z. B. Gisela Fischer et al. a. a. O.
[24] s. z. B. Helga Zsolnay-Wildgruber a. a. O.

bzw. Selbständigkeit ihrer Kinder noch eine eigene Lebensphase vor sich haben ohne diese Kinder, in denen ihre eheliche Beziehung nochmals eine andere Qualität bekommen kann. Noch im letzten Jahrhundert starben ja viele Ehefrauen bei der Geburt des letzten Kindes oder im heutigen mittleren Lebensalter, so daß die durchschnittliche Ehedauer ca. zwölf Jahre betrug. Die heutige Nach-Kinder-Phase dauert manchmal länger als die Zeit der Kindererziehung und -versorgung: Die Zahl der goldenen und diamantenen Hochzeitspaare hat sich in den letzten Jahrzehnten parallel zur Lebenserwartung entwickelt.

Auch auf Ehepaare sind also neue Entwicklungsaufgaben zugekommen, eine davon heißt: die mögliche Pflege des Partners oder der Partnerin.

Die „Selbstverständlichkeit" (vgl. Kap. A.I.2) vor allem für alte Ehefrauen, die Last der Pflege allein zu tragen und sich kaum Entlastungen zu verschaffen, ist dabei erheblich ausgeprägter als bei allen anderen Pflegepersonen. Sie definieren ihre Rolle in der Regel eher als Hausfrauen, Mütter, Fürsorgerinnen der Familie. Auch wenn sie nach einer intensiven Betreuungsphase ihrer Kinder bereits einen Rollenwechsel durchlebt haben, fühlen sich viele Frauen durch die Pflege ihres Partners und die damit verbundenen Anforderungen wieder in die alte Rolle hineingedrängt. Ehefrauen begreifen Pflege daher eher als Lebensaufgabe. Aufopferungsbereitschaft ist ein großes Leitbild, das sie daran hindert, Hilfen in Anspruch zu nehmen.

Für Frauen gilt also die innere und äußere Verpflichtung durch die Eheformel „bis daß der Tod euch scheidet" oder „zu lieben und zu ehren in guten und in schlechten Tagen" im Sinne einer Normierung noch viel stärker als für die pflegenden Ehemänner. Diese holen sich in der Regel frühzeitig Hilfen wie Wäschedienste, Essen auf Rädern, ambulante Dienste, Nachbarschaftshilfe usw. Das hängt wohl ganz entscheidend damit zusammen, daß Männer eine völlig unterschiedliche Biographie haben. Zum Zeitpunkt, wo in der Regel Betreuungsbedarf durch die Krankheit der Partnerin entsteht, sind sie oft schon pensioniert und verlagern nun ihren Schwerpunkt vom Berufsleben auf den häuslichen Bereich – mit einer ähnlichen Haltung: Während sie sich im Beruf über das Erfüllen ihrer beruflichen Aufgaben definierten, tun sie dies nun, indem sie die Betreuung ihrer Partnerin managen. Ihre Haltung ist folglich stark aufgabenorientiert, sie delegieren eher und bereitwilliger, wo sie wissen, daß andere bestimmte Aufgaben professioneller erledigen"[25]. In schweren Pflegefällen sind sie auch viel eher bereit, ihre Frau ins Heim zu bringen, wenn sie spüren, daß ihre Kräfte

---

[25] vgl. auch Helga Zsolnay-Wildgruber a. a. O. S. 65–66

nicht mehr ausreichen, oder sie wenden sich an ihre Kinder. Für Ehefrauen gilt das weniger, sie neigen dazu, grundsätzlich alles selbst zu erledigen. Bei jüngeren Frauen, die zudem noch berufstätig sind, beobachten wir allerdings, daß sie eher auf Dienste zugehen und delegieren können. Gerade im ländlichen Bereich jedoch wird ein solches Verhalten bei Ehefrauen durchaus negativ betrachtet, was natürlich die Schwelle erhöht. Gemessen an ihrer großen Zahl sind Ehefrauen unserer Erfahrung nach z. B. auch seltener Teilnehmerinnen an Angehörigengruppen als pflegende Ehemänner. Ähnliche Erfahrungen machen auch ambulante Dienste in Bezug auf ihre Klientel.
Typisch für die Einstellung vor allem älterer Ehefrauen ist das folgende Beispiel:

Frau St. ist 80 Jahre alt. Sie leidet an Grauem Star, ist also halbblind und hat Arthrose in den Beinen, die sie zeitweise gehunfähig macht. Sie pflegte ihren an der Alzheimer Demenz erkrankten Mann bis zwei Wochen vor seinem Tod zu Hause. Er war physisch noch mobil und brauchte viel Bewegung. Fast täglich lief er ihr davon und wurde des öfteren von Nachbarn oder der Polizei wieder nach Hause gebracht. Mit Mühe nur bewältigte Frau St. den Haushalt und die Wäscheberge, die der inkontinente alte Mann verursachte. Wegen ihrer eigenen Krankheit fällt ihr darüberhinaus das Einkaufen sehr schwer.
Durch eine beharrliche Freundin kam sie in die Angehörigengruppe. Nach Schilderung ihrer Situation fragten die anderen Teilnehmerinnen, warum sie denn bei so großer Belastung keine Nachbarschaftshilfe oder einen Mobilen Sozialen Hilfsdienst in Anspruch nähme. „Ich mach's allein, solang ich kann", war ihre Antwort. Aber allen war deutlich: Sie konnte eigentlich schon lange nicht mehr. Auf Drängen hin beantragte sie immerhin Pflegegeld. Als sie sich der dringenden Staroperation unterziehen mußte, brachte sie ihren Mann für diese Zeit in einem Pflegeheim unter, wo er innerhalb von zwei Wochen starb. Anfangs hatte sie enorme Schuldgefühle, die sie, u. a. mit Hilfe der Gruppe, langsam überwinden konnte.

Diese fehlende Fähigkeit und Möglichkeit, Hilfen für sich zu beanspruchen und Aufgaben zu delegieren, die sie überfordern, sind deswegen so gravierend, weil die pflegenden Ehefrauen im Durchschnitt älter sind als andere Pflegepersonen. Dadurch sind sie selbst stärker gesundheitlichen Einschränkungen ausgesetzt, die ihre Kraft und die Belastbarkeit begrenzen.
Selbst wenn sie Hilfen erhalten, z. B. von Familienangehörigen oder ambulanten Diensten, reichen diese nicht aus, damit sie sich spürbar entlastet fühlen. In der erwähnten Studie von Gisela Fischer et al. zur Situation pflegender Ehefrauen erhielten 30 % der 240 Befragten solche Hilfen, aber nur 3 % gaben an, zu einer ausreichenden Entlastung

zu kommen. Das mag u. a. daran liegen, daß der Mangel an Freizeit im Sinne von Zeit für sich selbst von ca. 2/3 der Frauen als besonders stark empfunden wurde. Der Zeitaufwand für die Pflege, die Angst, den Mann allein zu lassen, weil ihm etwas passieren könnte und der Wunsch des Mannes, die Frau möge nicht ohne ihn weggehen, wurden als Hauptgründe angegeben[26]. Wenn aber die Belastung durch die Pflege des Partners zu groß wird, erscheint den Pflegenden auch eine früher gute Beziehung im Rückblick negativer. Je schwieriger und konfliktreicher die Pflegezeit verläuft, desto schwerer scheinen Ehefrauen und -männer die Zeit nach dem Tod des/der Partners/in zu verkraften, besonders wenn die Pflege zur einzigen Lebensaufgabe geworden ist. Das betrifft vor allem familienzentrierte Frauen, die nicht berufstätig sind und waren, sich nur um ihre Familie gekümmert und keine Bekannten oder Freundinnen haben, geschweige denn eigene Interessen. Ehemänner, die sich in dieser Zeit isolieren, ergeht es ähnlich, wobei ihnen erfahrungsgemäß eher Hilfe direkt angeboten wird, z. B. von Nachbarn, Kindern – oder auch von Teilnehmerinnen von Angehörigengruppen.

Die Normen für Männer im Hinblick auf die Pflege der Ehefrau sind weniger stark als die für Frauen im Hinblick auf den Ehemann. Männer scheinen sich ihre Überlastung auch eher einzugestehen und von vornherein nach Lösungsmöglichkeiten zu suchen, während Ehefrauen dazu neigen, sich stärker zu beklagen, ohne Abhilfe schaffen zu können. Für pflegende Ehepartner/innen ist die Pflege nicht nur eine Lebensphase, sondern eine Lebensform. Mitarbeiterinnen von ambulanten Diensten berichten häufig, daß es, auch bei Schwerstpflegefällen, viel Mühe kostet, die pflegende Person zur Trennung der Betten zu überreden, um die Pflege zu erleichtern, geschweige denn, daß die Trennung der Zimmer durchgeführt wird. Dies hätte den Vorteil, nachts ungestörter schlafen zu können, um mehr Kraft für den Tag zu haben. Auch kann räumliche Trennung eine bessere Abgrenzung ermöglichen, besonders bei konfliktreicher Pflege.

Für Pflege in der Ehe gilt in besonderem Maße, daß Pflegeprobleme Beziehungsprobleme sind. Ehefrauen und -männer äußern sich allerdings eher zurückhaltend darüber, z. B. in Angehörigengruppen. Der Hintergrund ist zum einen sicher die Intimität der Ehe, zum anderen aber auch, daß man sich seine/n Partner/in im Gegensatz zu den eigenen Eltern selbst ausgesucht hat und für diese Entscheidung verantwortlich bleibt, so daß Konflikte besonders stark auf die eigene Person zurückfallen.

---

[26] Gisela Fischer et al. a. a. O. S. 274–276

Andererseits steckt in der Tatsache der einst vorhandenen Entscheidungsfreiheit immer wieder die Chance, den Entschluß von neuem lebendig zu machen. Das kann die Kraft für die Verarbeitung von Belastungen erhöhen. Zudem haben Paare oftmals in einer überwiegend partnerschaftlichen, gleichberechtigten Beziehung die Erfahrung von Auseinandersetzung und Streit, aber auch von Wiederannäherung und Versöhnung gemacht. Das ist vor allem da möglich, wo annähernd gleich starke Partner zusammengekommen sind. Mehr als in Eltern-Kind-Beziehungen existieren also oft Erfahrungen im Umgang mit gegenseitigem Grenzverhalten, d. h. Zuständen, in denen Gefühle oder Schwächezustände nicht mehr besonnen verarbeitet werden und als flüchtiges psychisches und geistiges Versagen erscheinen. So kann u. U. das Verständnis gewachsen sein, daß solche Situationen zu engen Beziehungen gehören, die ja immer auch ambivalent sind – und das entlastet enorm[27].

Auch bei Pflege in der Ehe treten Rollenumkehrungen auf, die manche Ehepartner nur schwer verkraften, besonders wenn es im Laufe der alternden Ehe nicht zur Angleichung der Geschlechterrollen im vorher beschriebenen Sinne gekommen ist, die eine bessere Beziehung als in jüngeren Jahren ermöglichen kann. Da nämlich, wo die Rollen starr bleiben, vor allem auf Seiten der Pflegenden, kann es zu großen Konflikten und dramatischen Entwicklungen kommen, wie im folgenden Beispiel:

Frau H., 65 Jahre, die immer schon sehr sensibel war, pflegte seit zwei Jahren ihren zehn Jahre älteren Mann, der einen Schlaganfall erlitten hatte und auch an Durchblutungsstörungen im Hirn litt, wodurch er zeitweise sehr verwirrt sein konnte. Ihr Mann war früher eine bekannte Persönlichkeit des öffentlichen Lebens gewesen. Sie hatte zu ihm aufgeschaut und ihn sehr bewundert. Er hatte ihr „jeden Wunsch von den Augen abgelesen" und sie nicht nur verwöhnt, sondern ihr alle Probleme des täglichen Lebens abgenommen. Sie war seine zweite Frau, die Ehe blieb kinderlos. Durch seine Krankheit veränderte er sich. Er wurde hilflos wie ein Kind, auch im Wesen, und forderte ihr viel Stärke ab, die sie in dieser plötzlichen Rollenumkehrung nicht aufbringen konnte. Sie fühlte sich so alleingelassen und hilflos, daß sie schwere Depressionen bekam und sich in nervenärztliche Behandlung begeben mußte. Sie bewältigte die Pflege nicht mehr allein und engagierte eine Pflegerin. Einige Zeit später brachte sie ihren Mann dann ins Pflegeheim. Daraufhin verstärkten sich ihre Depressionen, sie erhielt

---

[27] Jens Bruder: Ausgewählte Gesichtspunkte der Beratung von Angehörigen pflegebedürftiger älterer Menschen; in: Die Brücke e.V. (Hrsg.): Dokumentation des Fachforums „Die Unterstützung von Angehörigen älterer Menschen", Hamburg 1993, S. 8–24

eine Überweisung in die Psychiatrie. Einen Tag vor dem geplanten Aufenthalt sprang sie aus ihrer Wohnung im 10. Stock. Ihr Mann starb genau 14 Tage später.

Wenn die erforderliche Rollenumkehrung beiden Seiten gut gelingt und die Beziehung im Alter partnerschaftlich geworden ist, kann auch eine ehemals bedrückende Beziehung ein gutes Ende finden, im wahrsten Sinne des Wortes.
Dafür das folgende Beispiel:

> Frau M. ist 59 Jahre und pflegte ihren Mann bis zu seinem Tod zu Hause. Als Folge einer beruflich erworbenen Asbestose war er schwer pflegebedürftig geworden. Durch die Lungenverhärtung bekam sein Hirn nicht mehr genügend Sauerstoff, und zu seiner Luftnot und dem furchtbaren, oft blutigen Auswurf kam die immer stärker werdende Verwirrtheit im Sinne von Desorientierung.
> Frau M. hat sieben Kinder, die sie mit dem wenigen Haushaltsgeld, das ihr Mann ihr von seinem Arbeitslohn zuteilte, durchbringen mußte. Er kannte nur Arbeit und schlug sie oft, wenn er nicht weiter wußte. Als sie das siebte Kind erwartete, trat er sie vor Wut darüber in den Bauch.
> Als die meisten Kinder aus dem Haus waren und die finanziellen Sorgen geringer, wurde das Verhältnis langsam besser. Im neugekauften Gebrauchtwagen machten sie ihre erste Urlaubsfahrt. Als ihr Mann dann innerhalb kurzer Zeit pflegebedürftig wurde, entdeckte sie in einem Versteck etliche zehntausend Mark, die er in all den schlimmen Jahren gespart hatte „für Notfälle". Sie ging in der Zeit der Pflege mit ihm um wie mit einem tolpatschigen, aber doch liebenswerten Kind, dem man seine Launen nicht für übel nimmt, und beschrieb ihn als „lieb und pflegeleicht". Sie hatte ihm verziehen, obwohl sie oft voll Trauer an all die schlimmen Jahre dachte. Als größte Belastung empfand sie es, daß er ihr in seinem verwirrten Zustand unter den Rock zu greifen versuchte. „Was soll ich denn machen, ich kann das doch nicht. Es wäre, als ob ich mich auf einen Sarg legte", äußerte sie sich dazu.

Für alle pflegenden Angehörigen, insbesondere aber für pflegende Ehepartner(innen) gilt, daß es ihnen schwerfällt, Tabu-Themen wie Sexualität, Tod oder Gewalt/Aggression anzusprechen. Das Thema Sexualität z. B. kann in der Pflegebeziehung einen großen Raum einnehmen und, wie beim obigen Beispiel, sehr belastend wirken. Nicht immer gelingt es den Pflegenden, so gelassen und sogar dankbar damit umzugehen wie einer 75jährigen Frau, die ihren dementen alten Mann pflegte: „Wenn er auch sonst nichts mehr kann und weiß, aber das kann er mir immer noch geben..." Dazu gehört eben eine entsprechende Ehebiographie.

Ein weiteres großes Thema in der Partnerpflege ist die Isolation. Darüber ist schon im Kapitel A.I.3 gesprochen worden. Angehörige, die den/die Ehepartner/in pflegen, sind insofern stärker noch als verheiratete Töchter in Mehr-Generationen-Familien betroffen, als mit dem Ehepartner die Bezugs- und Vertrauensperson, mit der sie seit Jahrzehnten Freud und Leid teilen, krank oder sogar dement geworden ist und damit z. B. die Möglichkeit des Austausches über Belastungen entfällt.

Dadurch findet eine starke Vereinsamung statt, die auch nach außen hin gegeben ist, weil das Paar nicht mehr „gesellschaftsfähig" ist. Es wäre für die Pflegeperson notwendig, nicht nur mit dem Kranken mitzuleiden und sich aufzuopfern, sondern zu lernen, sich in guter Weise ein Stück weit zu distanzieren und die eigenen Kräfte zu schonen oder zu stärken – es kann ja noch Jahre dauern. Dazu gehörte z. B. auch, daß die Pflegeperson einen eigenen Freundes- und Bekanntenkreis aufbaut und sich Erleichterungen und Freiräume zugesteht. In der Praxis ist dies aber nur selten anzutreffen.

Je partnerschaftlicher und konfliktfähiger die beiden Menschen früher miteinander umzugehen wußten, desto leichter fällt es der pflegenden Person, sich ohne Schuldgefühle Freiräume zu nehmen, und desto leichter dem gepflegten Menschen, den anderen auch einmal ohne Vorwürfe loszulassen.

II. Die Situation chronisch kranker Menschen

Bisher war überwiegend die Rede von den Problemen und Belastungen der pflegenden Angehörigen. Die kranken Menschen selbst sind ebenso vielfältigen Belastungen ausgesetzt, die zum einen mit den jeweiligen Krankheiten zusammenhängen, zum anderen auch generell mit Abhängigkeit und Hilflosigkeit.

Durch die Schilderung von Mißständen in Pflegeheimen, der Isolation der dort lebenden alten Menschen und ihrer eingeschränkten Entfaltungsmöglichkeiten ist eine schädliche Polarisierung entstanden. „Das schlechte Heim" und „die gute häusliche Pflege" sind Zerrbilder, die die Wirklichkeit nicht angemessen widerspiegeln. Auch zu Hause sind alte Menschen isoliert, oftmals in noch stärkerem Maße als im Heim. Heimbewohner bekommen täglich wenigstens mehrere Menschen zu Gesicht, zu denen sie unterschiedliche Beziehungen haben. Soziale Kontrolle ist darüberhinaus durchaus gegeben, immer wieder dringen als Ausdruck davon Verfehlungen an die Öffentlichkeit.

Zu Hause in den eigenen vier Wänden dagegen ist Privatheit angesagt, wenn auch durch die Pflegeversicherung zumindest dafür gesorgt ist, daß man bei Bezug der Pflegegeldleistung in drei- bis sechsmonatigen Abständen einen Pflegeeinsatz durch einen anerkannten ambulanten Dienst abrufen muß[28]. Wen kümmert es – solange keine Mängel in der Pflege nach außen dringen –, wenn das alte Ehepaar, bei dem man nicht weiß, wer kränker ist, vor Verzweiflung abwechselnd psychische und physische Gewalt gegeneinander ausübt? Wer hilft einer alten Frau, der die Tochter insgeheim den Tod wünscht und sie mit Haß und Verachtung pflegt? Wer hilft dieser Tochter, die keine andere Form der Bewältigung findet und sich auf diese unangemessene Weise für eine furchtbare Kindheit an einer jetzt hilflosen Person rächt?

Pflegebedürftige Menschen sind mehr oder minder stark an die Personen gebunden, mit denen sie leben und von denen sie gepflegt werden. Die Vermischung verschiedener Rollen einer einzigen Person ist oft nur schwer auszuhalten: z. B. ist die pflegende Tochter zum einen in pflegerischen und medizinischen Fragen (neben dem Arzt) die einzige Ansprechpartnerin. Zum anderen ist sie Haushälterin, Gesellschafterin, Vermögensverwalterin, einzige Kontaktperson zur Außenwelt – und dabei bleibt sie doch immer noch das Kind, dem diese Rollen eigentlich gar nicht zustehen. Im schlimmsten Fall ist die Mutter auch noch von der Tochter finanziell abhängig.

Chronisch kranke Menschen haben mit vielen *Einbußen* fertig zu werden, die zum Teil irreversibel sind und dauerhafte Behinderungen bleiben. Ein Bein nicht mehr richtig benutzen zu können, Gelenksteifigkeit, Inkontinenz, Verlust von Körperteilen – das Selbstbild eines Menschen, das stark von einem positiven Körperbewußtsein abhängt, gerät ins Wanken. Gefühle von Wertlosigkeit, die Angst vor Verschlechterung und Tod und die Befürchtung, nicht mehr als vollwertiger Mensch angesehen zu werden, bereiten in Verbindung mit mangelnder Mobilität den inneren Rückzug vor – wenn nicht innere Stärke und viel Ermutigung von Angehörigen und anderen Menschen dem entgegenwirken.

Aber auch *ständige Schmerzen*, unter denen viele Kranke leiden, zermürben. Sie zentrieren die Empfindungen der Betroffenen auf das eigene Ich. Wer einmal starke Zahnschmerzen hatte, mag das Gefühl kennen, daß es neben dem Schmerz kaum noch Raum für anderes gibt. Auch leichtere Schmerzen, wenn sie nur lang genug dauern, verändern die Wahrnehmung und können zum Desinteresse an der Umgebung und an vertrauten Menschen führen.

---

[28] nach § 37 Abs. 3 SGB XI

Die Bewältigung all dieser Situationen stellt große Anforderungen an chronisch kranke Menschen. So ist es nicht verwunderlich, wenn sie oft ungeduldig und gereizt auf jede zusätzliche Anforderung von seiten der Angehörigen reagieren. Das kann schon in der Frühe beginnen: Die morgendliche Erdenschwere ist im Bett eben besser zu ertragen als aufstehen zu müssen und sich seines schmerzenden, unvollkommenen Körpers wieder bewußt zu werden.
Viele Kranke erleben ein tiefes *Gefühl der Hoffnungslosigkeit,* nicht nur in Bezug auf ihren körperlichen Zustand. Sie halten ihr weiteres Leben für sinnlos, wenn keine Aussicht auf Besserung besteht, es im Gegenteil jeden Tag ein Stückchen schlechter geht. Vertieft wird dies, wenn die Belastung der Angehörigen unübersehbar ist: „Ach Ruth, du plagst dich so mit mir. Es wäre doch am besten, ich lebte nicht mehr!" Schuldgefühle entstehen, die unter Umständen dazu führen, daß man die geleistete Hilfe nicht mehr anerkennen kann und diese zu entwerten beginnt. Wie schwer ist es, Dank und Anerkennung für etwas zu geben, was man doch ungern nur in Anspruch nimmt: „Wie soll ich mich bedanken? Lieber wäre ich gesund!"
In unserer Gesellschaft fällt es den meisten Menschen leichter, Hilfe zu leisten, als diese auf Dauer anzunehmen: *Wer hilft, ist stark, wer hilfebedürftig ist, ist schwach.* Wer ständig auf fremde Hilfe angewiesen ist, kommt sich klein und wertlos vor, wenn er sie nicht in irgendeiner Form erwidern kann. Der kranke Mensch, der sich genießend fallen lassen kann in das ihm angebotene Netz, ohne es zu überspannen, und dafür Dankbarkeit und Liebe zurückzugeben in der Lage ist, macht sich und seiner Pflegeperson das Leben leichter.
Das hieße aber, voller Selbstvertrauen und innerer Zuversicht zu sein – und auch mit der *Scham* über Defizite leben zu können, die unter Umständen jeden Tag neu zu bewältigen ist. Wie beschämend ist es nicht nur für einen geistig gesunden, sondern auch einen desorientierten alten Menschen, sich z. B. seiner Inkontinenz bewußt zu werden! Schon wieder ist das Bett verschmutzt, die alte Frau versucht, den Kot zu beseitigen, indem sie mit den Fingern reibt, aber alles wird noch schlimmer. Sie leugnet, als die Tochter kommt, um der Scham zu entfliehen, „das war der Hund, als ich gerade am Fenster stand", obwohl beide um die Lächerlichkeit der Lüge wissen.
Es ist schwer, von anderen so abhängig zu sein; Ärzte, Therapeuten, Pflegepersonal, vor allem die Angehörigen: Sie wissen alles besser, schreiben den Tagesablauf vor, stellen den Speisezettel um „wegen deiner Galle" und verändern viele Lebensgewohnheiten. Hinzu kommt der Gegensatz von Geschäftigkeit und Überlastung auf der Seite der Pflegenden und dem Empfinden von Nutzlosigkeit und Lan-

geweile auf der Seite der Gepflegten. Das Gefühl von Wertlosigkeit stellt sich dann besonders schnell ein bei Menschen, die gewohnt waren, ständig in Bewegung und tätig zu sein.

Chronisch kranken Menschen, die zu Hause leben, fehlen darüberhinaus *Vertrauenspersonen,* denen sie sich über ihre Ängste und Empfindungen mitteilen könnten, ohne Nachteile befürchten zu müssen.

Das Vorurteil, „wer zu Hause von Angehörigen gepflegt wird, hat es gut", trägt mit dazu bei, daß zu Hause lebenden chronisch kranken Menschen wenig Aufmerksamkeit von Nachbarschaft und Gemeinde zuteil wird. Dadurch ist die *Isolation* manchmal erheblich größer als selbst in schlechten Heimen, vor allem, wenn die Pflegeperson selbst nicht mehr sehr mobil ist und kaum nach draußen geht. Dies trifft besonders auf alte Ehepaare zu, die darüberhinaus ungünstige Wohnbedingungen haben (z. B. Treppen, keinen Fahrstuhl).

Mitarbeiterinnen von ambulanten Diensten machen die Erfahrung, daß in manchen Familien die gepflegte Person einen verwahrlosten Eindruck macht, bei schnellen Bewegungen zusammenzuckt, als ob sie Schläge erwarte, oder sie spüren einen feindlichen Umgangston. All dies sind Anzeichen von *physischer und psychischer Gewalt,* ein Thema, das noch stark tabusiert ist. Nicht nur Pflegepersonen üben Gewalt aus, auch Kranke setzen alle Macht und Stärke ein, vor allem aus der Geschichte der Beziehung zur Pflegeperson heraus, um sich gegen Rollenumkehr und Abhängigkeit zu wehren. Dabei ist die psychische Gewalt nicht weniger zerstörerisch als die körperliche. Besonders in hochbelasteten, symbiotischen Beziehungen, z. B. bei Ehepaaren oder Müttern und Töchtern, kann es zu dramatischen Zuspitzungen kommen, in denen es langfristig ums Überleben geht. Nicht selten stirbt die pflegende vor der gepflegten Person.

> So im Fall eines alten Ehepaares, wo eine herzkranke Frau ihren schwer sehbehinderten Mann pflegte, der auch an Prostatakrebs litt und inkontinent war. Die Ehe war problematisch bis schrecklich gewesen. Der Mann hatte die Frau oft betrogen und seinen Verdienst trotz vier Kindern vertrunken oder verspielt. Die Frau hatte ihm „Szenen" gemacht und ihn monatelang mit Liebesentzug gestraft. Als er zum Pflegefall wurde, zahlte sie es ihm heim, indem sie ihn zu gängeln und zu bevormunden versuchte. Er wehrte sich nach Kräften und tyrannisierte sie bei jeder sich bietenden Gelegenheit. Sie war der Belastung nicht gewachsen und starb nach einigen Vorboten an Herzversagen. Der alte, vorher völlig unselbständige Mann wurde nach ihrem Tod wieder selbständiger, denn als die Tochter die Pflege übernahm, begrenzte sie den Umfang der Pflegetätigkeiten von Anfang an.

Das ist ein wichtiger Aspekt: Meist wohl gut gemeint, werden viele alte Menschen zu sehr gepflegt, überpflegt und ihnen dadurch langfristig Entwicklungsmöglichkeiten genommen. Dem kranken Menschen werden Tätigkeiten, die er selbst noch ausführen oder wieder erlernen könnte, abgenommen. „Quäl' dich nicht so mit dem Anziehen, Papa, das kann man ja nicht mit ansehen! Ich hab's schnell gemacht!" Nach kurzer Zeit kann sich der Vater gar nicht mehr anziehen und vor allem: Er macht keinen Versuch mehr.

Angehörige wissen oft zu wenig über Rehabilitation und aktivierende Pflege. Sie haben es weder gelernt noch ist ihnen das Wissen um die Notwendigkeit vermittelt worden, wenn sie nicht vorsorglich einen Pflegekurs besucht haben oder anderweitig in Kontakt mit ambulanten Diensten oder Beratungs- und Koordinierungsstellen für häusliche Pflege[29] gekommen sind.

Chronisch Kranke sollten auch die *Möglichkeit bekommen, die empfangene Hilfe zu erwidern,* und mit den ihnen zur Verfügung stehenden Fähigkeiten sinnvoll in den Tagesablauf der Familie eingebunden werden. Es ist bedrückend, jeden Tag geistig und körperlich untätig nur auf die Mahlzeiten zu warten und seine schlechten Gefühle höchstens durch Aggressionen kompensieren zu können. Auch pflegebedürftige Menschen brauchen Eigenaktivitäten und die Chance, in ihrem Leiden einen Sinn zu entfalten. In diesem Punkt brauchen Angehörige und Kranke viel Unterstützung und Begleitung von außen.

III. Entlastungsmöglichkeiten – oder: Wie Pflege gelingen kann

Bevor wir auf bestehende oder wünschenswerte Entlastungsmöglichkeiten in den Phasen vor Eintritt einer Pflegesituation, zu Beginn einer Pflegesituation, während einer Pflegesituation, nach einer Pflegesituation, näher eingehen, stellen wir noch einige grundsätzliche Überlegungen zur Annahme von Hilfen voran.

Praktikerinnen der Altenhilfe und Krankenpflege fällt immer wieder auf, wie wenige Angehörige sich Entlastungen oder Hilfen verschaffen und diese annehmen[30]. Mögliche Gründe dafür sind schon in verschiedenen Kapiteln zur Sprache gekommen; weitere, unserer Meinung nach wesentliche Gründe möchten wir im folgenden beschreiben.

---

[29] Solche Beratungs- und Koordinierungsstellen gibt es in verschiedenen Bundesländern (z. B. in Rheinland-Pfalz als „BeKo-Stellen", in Baden-Württemberg als „Informations-, Anlauf- und Vermittlungs-Stellen" = IAV; in Hessen, in Nordrhein-Westfalen und Niedersachsen unter verschiedenen Namen.

[30] vgl. auch Thomas Klie: Effekt und Effizienz durch das Recht der Pflegeversicherung. In: Dr. med. Mabuse 113, Mai/Juni 1998, S. 32–35

Wer ein bestimmtes Hilfeangebot nachfragt, hat in der Regel schon einen umfassenden Bewußtwerdungs- und Suchprozeß hinter sich und glaubt, durch dieses Angebot eine Lösung des bewußt gewordenen Problems zu erreichen. Er hat damit sein Problem auch schon eingegrenzt und tritt der jeweiligen Organisation oder Institution mit einem klaren Anliegen entgegen. Zwar können sich hinter einem vordergründigen Anliegen, z. B. einmal in der Woche die Mutter von einem ambulanten Pflegedienst baden zu lassen, komplexe persönliche und psychosoziale Probleme verbergen, die eigentlich eine andere Lösung erfordern. Die hilfesuchende Person macht aber damit schon deutlich, daß sie
1. es für legitim und richtig hält, sich zu entlasten
2. grundsätzlich glaubt, daß es Entlastung für sie gibt
3. sich gerade von diesem Angebot Entlastung erhofft.
Und dieser erste Schritt nach außen kann weitere Schritte der Entlastung nach sich ziehen, wenn z. B. die Pflegekraft, die die Mutter nun badet, erkennt, daß die pflegende Tochter weitere Entlastung braucht wie Nachbarschaftshilfe o. ä., um mal in Ruhe einzukaufen oder Arztbesuche zu erledigen.
Die meisten Angehörigen sind aber bei diesem Schritt noch gar nicht angekommen, weil sie sich ihre Überlastung noch nicht wirklich eingestanden haben und nicht überblicken, was noch auf sie zukommen kann. Sie glauben oft auch nicht daran, daß es Hilfen geben kann, die die Pflegesituation entscheidend verbessern, und sind kaum ausreichend darüber informiert, was es alles gibt und was ihnen gesetzlich zusteht. Häufig wagen sie es auch nicht, z. B. den eigenen Ehemann von einer fremden Person versorgen zu lassen. Belastung erleben diese Angehörigen als ein dumpfes, schweres Paket, das kein Packende hat. Aussagen von Pflegenden wie „mir kann ja doch keiner helfen, was soll es denn da, wenn einmal am Tag eine Schwester eine halbe Stunde kommt", gehen in diese Richtung.
Ein interessantes Ergebnis von Studien an der Fachhochschule für Sozialwesen Mannheim ist, daß Angehörige sich durch Angehörigengruppen ihrer Belastung oft erst richtig bewußt werden und sie diese nicht mehr als Berg, sondern als zusammenhängende Einzelprobleme begreifen. Damit ist dann ein wichtiger Schritt in Richtung Problemlösung getan[31].

---

[31] Gabriele Pusche, Manuela Wolf: Ort der Entlastung. Die Gesprächsgruppe für pflegende Angehöriger alter Menschen in: Deutscher Verein für öffentliche und private Fürsorge (Hrsg.): Angehörige chronisch kranker alter Menschen und ihre Unterstützung durch Angehörigenarbeit. Frankfurt 1991, S. 13–15

Im folgenden verstehen wir als Entlastungsmöglichkeiten nicht direkte Hilfeangebote, sondern vor allem Klärungsprozesse und die Hinführung zu diesen. Die vier zeitlichen Phasen (vor, zu Beginn, während, nach) einer Pflegesituation werden hinsichtlich der Angehörigen, der kranken Menschen und der Entlastungsinstitutionen charakterisiert. Die Fragestellung für alle vier Phasen lautet:
Was brauchen die *Angehörigen,* was können sie tun?
Was brauchen die *Kranken,* was können sie tun?
Was können die *Organisationen* der Alten-, Kranken- und Familienhilfe tun?
Dabei stellen wir dem Ist- vor allem den Soll-Zustand gegenüber und beschreiben beispielhafte Praxisprojekte; zum Teil werden Kontaktadressen aufgeführt.

1. Vor Eintritt einer Pflegesituation

Die Angehörigen

In vielen Familien stellt sich irgendwann die Frage: „Und was ist, wenn die Eltern pflegebedürftig werden?" Es wäre also zunächst zu prüfen, möglichst mit Eltern und Geschwistern gemeinsam, wer verantwortlich ist. Das mag einfach klingen, ist aber in der Regel schon das größte Problem. Eben weil dieses Thema nie angesprochen wurde, leiden viele Angehörige unnötig unter nie ausgesprochenen Erwartungen und Zuschreibungen (vgl. Kapitel A.I.4). Einfacher ist es, lockere Gespräche darüber zu führen, wie die Eltern leben möchten, wie die erwachsenen Kinder es sich vorstellen, und dabei das Maß an gegenseitig gewünschter Nähe zu erkunden. Das hat den Vorteil, in plötzlich eintretenden Pflegesituationen, z. B. nach einem Schlaganfall, die Vorstellungen des anderen zu kennen.
In diesem Zusammenhang ist es auch unabdingbar, die Beziehung zum alten Menschen für sich selbst zu klären und sich aufrichtig zu fragen, ob sie tragfähig und belastbar genug ist, um eventuell jahrelange, relativ einseitige Hilfeleistungen zu verkraften. Wie ist meine Bereitschaft und Fähigkeit, diesen Dienst zu tun? Welche Bedingungen brauche ich dafür? All diese Überlegungen im vorhinein helfen, im Ernstfall nicht völlig überrascht und schnell Entscheidungen für Jahre treffen zu müssen, sondern dies auf der Basis vieler denkbarer Wege angemessen zu tun. Dazu gehört auch das Bewußtsein, daß es keine Entscheidung gibt, die man nicht revidieren kann.
Hilfreich können dabei Kurse in häuslicher Krankenpflege, Angehörigengesprächskreise, Kontakte zu Beratungsstellen und auch Gespräche mit anderen „Kindern" sein.

Bei Ehepartnern untereinander sind diese Prozesse der inneren Vorbereitung erheblich schwieriger, da die Auseinandersetzung mit der möglichen Pflegebedürftigkeit des anderen immer auch bedeutet, Krankheit und Tod unmittelbar auf sich selbst zu beziehen.

Die alten Menschen

Für ältere Menschen, die sich mit dem Gedanken an eigene längerfristige Krankheit oder Behinderung beschäftigen, ist es ermutigender, Ideen zu entwickeln, als sich diesen Zustand als Grauzone der Hoffnungslosigkeit vorzustellen. Wie möchte ich leben, wenn ich krank bin? Wer soll mich versorgen? Worauf möchte ich nicht verzichten? Dazu gehören das Kennenlernen von Alternativen, offene Gespräche mit den Kindern usw. Auch die rechtzeitige Anpassung des Wohnraums, z. B. Umzug in eine kleinere, ebenerdige Wohnung oder in ein Haus mit Aufzug im selben Viertel, kann Eigenständigkeit lange sichern.

Wünschenswert sind auch Gespräche mit Menschen in ähnlicher Situation, darüberhinaus viel Beratung und Information, z. B. über Vermeidung von Pflegebedürftigkeit und Rehabilitation. In Baden-Württemberg z. B. haben sich innerhalb des Landesprogramms „Seniorengenossenschaften" ältere Menschen zusammengeschlossen, um sich bei Pflegebedürftigkeit gegenseitig zu unterstützen. (Z. B. Seniorengenossenschaft Köngen, Mannheim u. a. Aktuelle Anschriften über: Ministerium für Arbeit, Gesundheit und Sozialordnung Baden-Württemberg, Geschäftsstelle Bürgerschaftliches Engagement, Schellingstraße 15, 70174 Stuttgart)[32].

Was können Organisationen der Alten-, Kranken- und Familienhilfe zur Entlastung beitragen?

Wünschenswert von dieser Seite her ist die Schaffung von Angeboten, die einen Bewußtseins- und Meinungsbildungsprozeß ermöglichen. Das können z. B. Kurse in Familienbildungsstätten zum Thema Generationenbeziehungen sein, Partnerschaft im Alter usw. Auch den Senioren-Begegnungsstätten, Volkshochschulen, Kranken- und Pflegekassen, ambulanten Diensten u. a. fallen hier Aufgaben zu.

---

[32] Solche Seniorengenossenschaften existieren auch bereits in anderen Bundesländern, z. B. Hessen und Nordrhein-Westfalen. Über die zuständigen Ministerien können die Anschriften in Erfahrung gebracht werden.

Ebenso ist die Darstellung der Situation zu Hause lebender Pflegebedürftiger und ihrer Angehörigen weiter voranzutreiben und aufzuklären über Entlastungsmöglichkeiten und Alternativen zur Familienpflege.
Und: Schluß mit der Verbreitung des Mythos von den abgeschobenen Alten!

Zusammenfassung

Was *vor Beginn* einer Pflegesituation entlastend wirken kann

für die *Angehörigen*	für die (potentiellen) *Kranken*	durch *Organisationen der Alten-, Kranken- und Familienhilfe*
– gemeinsame Gespräche mit Eltern und Geschwistern, wie diese leben möchten, welches das gewünschte Maß an Nähe ist, wer sich verantwortlich fühlt		– Angebote schaffen, die einen Bewußtseins- und Meinungsbildungsprozeß ermöglichen, z. B. Kurse in Familienbildungsstätten zum Thema Generationenbeziehungen, Partnerschaft im Alter usw.
– die eigene Bereitschaft und die Bedingungen für langfristige, eher einseitige Hilfeleistungen erkunden	– Phantasien entwickeln, wie man im Falle chronischer Krankheit leben möchte	
– die Beziehung zum potentiell gepflegten Menschen klären	– Wohnraumanpassung vorbereiten – Alternativen zur Familienpflege kennenlernen und bedenken	– Darstellung der Situation zu Hause
– zur direkten Vorbereitung, wenn Pflege absehbar ist. Besuch von Hauskrankenpflege-Kursen, Angehörigengesprächskreisen	– Pflegebedürftigkeit vermeiden durch Rehabilitation	– Aufklärung über Entlastungsmöglichkeiten zur Familienpflege
– Gespräche mit anderen „Kindern", Ehepartnern	– sich mit Gleichgesinnten zusammenschließen	

2. Zu Beginn der Pflegesituation

Die Angehörigen

Auch wenn man die entlastenden Überlegungen vor dem Eintreten einer konkreten Pflegesituation berücksichtigt, so kommt bei Beginn einer Pflegesituation hinzu, daß man sich genaue Kenntnisse über das aufgetretene Krankheitsbild und dessen Prognose verschaffen sollte, nicht nur von Ärzten, sondern auch mit Hilfe verständlicher Fachliteratur; also nicht gleich den „Pflegeschuh" anziehen, sondern auch bei sehr alten Menschen die Rehabilitationsmöglichkeiten stationärer und ambulanter Art erkunden (die zugegebenermaßen im Moment oft noch gering sind), in Ballungsgebieten aber zunehmend ausgebaut werden.

Die Vorstellung, man müsse diese Arbeit womöglich noch in zehn Jahren tun, hilft, die eigenen Kräfte und Fähigkeiten von Beginn an besser einzuschätzen. Wer kann noch helfen? Wie können Familienangehörige (z. B. die eigenen Kinder, der Ehemann), Geschwister, andere Verwandte von Anfang an eingebunden werden? Statt nur die Frage zu stellen „was muß ich alles tun", muß es noch heißen „was brauche ich alles, um..."

Es läßt sich in der Praxis immer wieder beobachten, daß die Konstituierung der Pflegesituation weitreichende Auswirkungen auf die gesamte Pflegezeit hat. Je besser vorbereitet und vorsichtiger man herangeht, desto größer sind die Chancen, Pflege lange durchzuhalten, ohne daß es zu massiver Überlastung und Überforderung kommt.

Dem kranken Menschen sollten auch gleich zu Beginn Grenzen deutlich gemacht werden bei gleichzeitiger Förderung seiner Eigenverantwortung und Eigenständigkeit. Das vermindert für beide Seiten die Gefahr, Opfer oder Täter von Gewalt in der Pflege zu werden.

Auch finanzielle Gegebenheiten sollten von Beginn an geklärt werden, besonders wenn Geschwister da sind. Dem alten Menschen muß, wenn er nicht gerade dement ist und einer gesetzlichen Betreuung bedarf, die Verfügungsgewalt über sein Geld gelassen werden. Ebenso wichtig ist es aber auch, daß die Hauptpflegeperson einen angemessenen Betrag für ihre Arbeit erhält, sei es aus dem Pflegegeld der Pflegeversicherung, aus der Rente oder dem evtl. vorhandenen Vermögen. Sind Geschwister da, ist jedwede Regelung am besten schriftlich zu machen, damit Vorwürfe und Streitigkeiten vermieden werden, beim Erben oder wenn z. B. eine Übersiedlung in ein Pflegeheim nötig wird: „Hättest du gleich gesagt, daß du die Pflege nicht schaffst! Jetzt, nach fünf Jahren, ist das Geld verbraucht, und Mutter muß ins Heim – das heißt, ich muß zahlen", wirft der gut verdienende Bruder seiner Schwester vor, die wegen der Pflege ihrer Mutter den Beruf mit 55 aufgegeben hatte, nun aber die Pflege der Mutter wegen ihrer eigenen Krebserkrankung nicht mehr weiterführen kann. Solche Situationen können vermieden werden, wenn es in der Familie gelingt, zu Beginn auch offen über Geld zu sprechen – und die Pflege der Eltern als gemeinsame Aufgabe zu sehen, zu der jede(r) seinen Beitrag in unterschiedlicher Weise leistet.

Die chronisch kranken Menschen

Für die alten Menschen bestehen in der Anfangsphase einer Pflegesituation oft wenig Wahlmöglichkeiten, besonders wenn sie verwirrt sind oder die Krankheit plötzlich aufgetreten ist (Schlaganfall, schwerer Sturz usw.). In diesem Fall beanspruchen die Bewältigung und die Auseinandersetzung mit der neuen Situation die ganze Kraft. Obendrein wird von seiten der behandelnden Institutionen (Krankenhäuser / Ärzte) und auch der Angehörigen schnell verfügt, während der alte Mensch noch viel Zeit zur Entscheidung gebraucht hätte. Auch wenn die Hoffnung der meisten Kranken weiterhin die Familie ist, helfen doch folgende Fragestellungen langfristig weiter:
Wo und wie will ich leben, wenn dieser Zustand länger dauert?
Was kann ich noch?
Was will ich auf Dauer wieder lernen?
Wie kann ich möglichst viel Eigenverantwortung behalten?
Welche Möglichkeit habe ich, für das Empfangene etwas zurückzugeben?
Auch sollte man sich, wenn die Kräfte wiederkehren, möglichst aktiv am Alltag beteiligen und sich nicht in eine völlige Abhängigkeit begeben. Die Verfügungsgewalt über das eigene Geld zu behalten, ist das eine, das andere ist, auch weiterhin die Kontakte außerhalb der Familie zu pflegen und lernen, auch von professionellen Diensten Hilfe anzunehmen. So bleiben beide ein wenig unabhängiger – der Kranke und die pflegenden Angehörigen.

Was können Organisationen der Alten-, Kranken- und Familienhilfe zur Entlastung beitragen?

Zu Beginn einer Pflegesituation haben Krankenhausärzte, Pflegepersonal, der Sozialdienst im Krankenhaus, niedergelassene Ärzte und ambulante Dienste maßgeblichen Einfluß auf Weichenstellungen in den Familien.
Das Krankenhaus als erste Anlaufstelle bei plötzlich eingetretener Hilfebedürftigkeit stellt die ersten Weichen für eine Rückkehr nach Hause oder eine Übersiedlung ins Heim. Leider macht man oft die Erfahrung, daß das Krankenhaus über entlastende Hilfen wie Tagespflege, Kurz-

zeitpflege o. ä. schlecht informiert ist, und häufig noch nicht einmal die Aufgaben und Möglichkeiten von ambulanter Pflege kennt und so einseitig das Heim empfiehlt. Das verunsichert pflegebereite Angehörige oft stark und treibt sie in Opposition „und ich schaff's doch!", so daß sie sich von Anfang an verausgaben. Die Bedeutung der Einschätzung durch die Ärzte scheint für Angehörige größer zu sein als die des Sozialdienstes und des Pflegepersonals.[33]
Die Chance liegt darin, von Anfang an umfassend über die psychischen Belastungen durch häusliche Pflege zu informieren und zugleich über Entlastungsangebote, auch die nicht-medizinischen wie Nachbarschaftshilfe, mobile soziale Dienste und Gesprächsgruppen Auskunft zu geben. Die Voraussetzung dafür sind allerdings gut informierte Institutionen, die voneinander wissen. Die schon früher erwähnten Beratungs- und Koordinierungsstellen für ältere Menschen und ihre Angehörigen können in vielen Fällen die erforderliche Koordinierungsarbeit leisten.
Die Idee einer dezentralen Kontaktstelle für Familien in schwierigen Lebenslagen in den einzelnen Wohnvierteln / Stadtteilen geht ebenfalls in diese Richtung, damit alle Informationen über die einzelnen Hilfeangebote verschiedener Anbieter aus einer Hand weitergegeben werden können. So werden unnötige Frustrationen vermieden und Angehörige und Kranke von Anfang an ermutigt.[34]
In Zukunft muß das Gewicht noch stärker auf Rehabilitation und Erhaltung der Eigenaktivität eines chronisch kranken Menschen liegen. Dazu gehören neben entsprechenden Einrichtungen stationärer und teilstationärer Art auch Anleitung und Unterrichtung der Angehörigen durch geschultes Personal. Dazu kann verstärkt § 45 SGB XI (Pflegeversicherung) herangezogen werden. Nicht nur Pflegekurse in Gruppen können durch die Pflegekassen finanziert werden, sondern „die Schulung kann auch in der häuslichen Umgebung des Pflegebedürftigen stattfinden" (§ 45 Abs. 1, Satz 3). Davon wird noch wenig Ge-

---

[33] Um u. a. dieser Situation abzuhelfen, läuft 1999–2001 das Forschungsprojekt KISMED (Kooperationsprojekt Interdisziplinärer Sozialarbeit und Krankenhaus-Medium) zwischen der Hochschule für Sozialwesen in Mannheim und der Universitätsklinik Heidelberg. Nähere Informationen bei der Verfasserin.

[34] s. Astrid Hedtke-Becker: Vorübergehende Betreuungs- und Erziehungshilfen für Familien in besonderen Belastungssituationen, in: Institut für Entwicklungsplanung und Strukturforschung GmbH, Hannover: Familienergänzende Betreuungs-, Erziehungs- und Bildungsangebote, Beiträge zur örtlichen und regionalen Familienpolitik, Materialien des Instituts für Entwicklungsplanung und Strukturforschung, Bd. 138 Hannover 1990, S. 95–104

u. psychosoziale Beratung!

brauch gemacht, obwohl z. B. etliche Pflegekassen 3 × 2 Stunden persönliche Schulung durchaus finanzieren. Überführung in Institutionen und wieder nach Hause zurück, also Pflege ohne Sackgasse, ist ein weiteres Ziel, um Familien besser zu entlasten.

Zusammenfassung

Was *zu Beginn* einer Pflegesituation entlastend wirken kann

für die *Angehörigen*	für die *chronisch Kranken*	durch *Organisationen der Alten-, Kranken- und Familienhilfe*
– Genaue Informationen über Krankheitsbilder und Prognosen besorgen	– sich an langfristigen Entscheidungen möglichst beteiligen	– umfassende Aufklärung und Beratung durch ausreichend informierte Institutionen
– Rehabilitationsmöglichkeiten erkunden	– die eigene Rehabilitation in den Vordergrund stellen, sich nicht aufgeben	
– sich vorstellen, man müsse noch in 10 Jahren pflegen: realistische Einschätzung der eigenen Kräfte und Fähigkeiten		
– Forderungen stellen an Geschwister, Familienangehörige, Pflegekassen, Ämter und Wohlfahrtsverbände	– Möglichkeiten erkunden, Geben und Nehmen in ein ungefähres Gleichgewicht bringen	– besondere Bedeutung von Krankenhaus, niedergelassenen Ärzten und Sozialstationen in der Entscheidungs- und Anfangsphase der Pflege
– Dem Kranken Grenzen setzen, dabei seine Eigenverantwortung und Eigenständigkeit fördern	– Kontakte außerhalb der Familie nicht abbrechen	– Effektivität und Ermutigung Pflegender und Gepflegter durch „Informationen aus einer Hand"
– Die finanzielle Situation klären, vor allem, wenn Geschwister da sind		– Verstärkung der „Rehabilitation vor Pflege"

3. Während der Pflegesituation

Die Angehörigen

Im Verlauf einer übernommenen Pflege erscheint es auf der Basis der bisher dargestellten Möglichkeiten für Angehörige sehr wichtig, immer wieder ein Bewußtsein für die eigenen Grenzen und Fähigkeiten zu entwickeln und Gesprächs- und Reflexionsmöglichkeiten zu haben. Es ist sehr entlastend zu wissen, daß Pflege in der Familie in quantitativer und qualitativer Hinsicht grundsätzlich eine übergroße Anforderung bedeutet, für die man immer wieder neu nach angemessenen Lösungen und Entlastungen suchen darf. „Fordern, statt sich zu überfordern" ist ein Stichwort dafür. Wer für sich und die Familienmitglieder immer wieder Urlaubs- und Erholungsphasen einplant und dafür sorgt, daß der pflegebedürftige Mensch zwar seinen Platz hat, aber nicht im Mittelpunkt steht, ist meist schon ein großes Stück weitergekommen.
Auch die oft großen Probleme in der Beziehung, z. B. zwischen kranker Mutter und pflegender Tochter, können Verbesserung erfahren, wenn die Mutter lernt, Grenzen zu respektieren und ihre Tochter loszulassen. Die Tochter kann, auch in schwierigen Pflegebeziehungen, sich um ihre „filiale Reife" (also die abgelöste, partnerschaftliche Haltung zu den eigenen Eltern, die nicht mehr auf ihren kindlichen Wünschen beruht, vgl. Kap. A.I.3) bemühen. Für beide Seiten ist dazu aber begleitende Hilfe von außen nötig, z. B. durch Angehörigen-Beratungsstellen, die auch psychotherapeutisch orientiert sind. Auch die Ehe-, Familien- und Lebensberatungsstellen der Kommunen und Wohlfahrtsverbände stellen sich immer mehr auf die Unterstützung von Pflegebeziehungen ein. Es lohnt auf jeden Fall, dort nachzufragen. Nochmals sei erwähnt, wie wichtig die Förderung der Eigenaktivität kranker Menschen ist und der Blick auf ihre vielen gesunden Anteile mit der Fülle erhaltener und zu erhaltender Fähigkeiten.
Eigene Freunde und Interessen oder befriedigende Berufstätigkeit ermöglichen es Pflegenden, immer wieder Abstand zu gewinnen und mit neuen Kräften die Situation zu bewältigen.

Die chronisch kranken Menschen

Sehr hilfreich ist es für chronisch Kranke, wenn sie neben den Familienangehörigen auch noch andere Kontaktpersonen haben, die zuhören und ermutigen können. Im Vordergrund steht sicherlich das Bemühen, sich als Kranke immer wieder die Möglichkeit zu verschaffen, das Empfangene zurückzugeben und sich als wertvoller Mensch zu empfinden. Das verringert ihre eigene Unzufriedenheit und gleichzeitig auch das Belastungsempfinden der Pflegenden. Beide Seiten sind dabei auf viel Zuspruch und Anerkennung von außen angewiesen. Auch Selbsthilfegruppen, wie es sie schon für an Rheuma, Multipler Sklerose, Krebs, Schlaganfall, Parkinson u. a. Erkrankte gibt, haben bei entsprechender Motivation zur Teilnahme eine große entlastende Wirkung, die auch den Angehörigen zugute kommt.

Was können Organisationen der Alten-, Kranken- und Familienhilfe zur Entlastung beitragen?

Wir möchten nochmals die „Zahnradfunktion" einzelner, meist unverbunden nebeneinander stehender Dienste betonen. Die Mitarbeiter dieser Dienste können diese Funktion übernehmen, wenn sie voneinander wissen und die ganze Familie im Blickpunkt haben, nicht nur einzelne Defizite. Als sehr hilfreich im Sinne einer Bring-Struktur hat sich die sogenannte „zugehende Beratung" eines Projektes an der Gesamthochschule Kassel erwiesen, wo durch ständigen unbürokratischen Kontakt zu potentiell hilfebedürftigen Menschen Möglichkeiten zur Eingrenzung ihrer Probleme und die gemeinsame Erarbeitung von Lösungsansätzen geboten wurden. (Beschrieben von Fred Karl, Neue Wege in der sozialen Altenarbeit, Freiburg 1990). Dieses ließe sich auch auf Angehörige und Gepflegte übertragen, vor allem, wenn es sich um die älteren unter ihnen handelt.
Vertrauensbildung in Familien kann auch durch kompetente Bezugspersonen erreicht werden, wie sie der Caritasverband in Berlin zu qualifizieren versuchte. Ehemalige Pflegende und andere interessierte Ehrenamtliche wurden durch Seminare und regelmäßige Beratungen durch Sozialarbeiterinnen und andere Fachleute sowie durch monatliche Gruppentreffen auf ihren Einsatz bei Familien und pflegebedürftigen alten Menschen vorbereitet. Stundenweise Betreuung der Kranken, aber auch entlastende Gespräche mit den Angehörigen standen dabei im Vordergrund. (Adresse: „Ehrenamtliche in pflegenden Familien – Arbeitskreis Unterstützung für pflegende Angehörige". Caritasverband für Berlin e. V., Tübinger Straße 5, 10715 Berlin).
Aus den vielen einzelnen Angeboten möchten wir hier die Möglichkeit der Kurzzeitpflege herausgreifen, da aufgrund umfangreicher Pressekampagnen dieses Angebot außerordentlich bekannt ist; nach neueren Umfragen kann man davon ausgehen, daß über 90 % aller Pflegenden darüber Bescheid wissen. Hinzu kommt, daß die Hemmschwelle für die Inanspruchnahme geringer ist als bei anderen Hilfen,

da die Pflegekassen Kostenträger sind und die Finanzierung unabhängig vom Einkommen ist.
Die Zahl der Kurzzeitpflegeplätze ist seit 1994 stark gestiegen. Die meisten Plätze sind innerhalb stationärer Einrichtungen wie Altenpflegeheime angesiedelt. Es gibt aber auch spezielle Kurzzeitpflegeeinrichtungen oder solche, die an einen oder mehrere ambulante Dienste angebunden sind.[35]

Pflegebedürftige bevorzugen in der Regel einen Platz, der nicht in einem Heim ist, weil sie häufig Angst haben, dort bleiben zu müssen – vor allem, wenn sie ihre pflegenden Angehörigen als sehr belastet erleben oder das Verhältnis gespannt ist.

Es empfiehlt sich, eine Einrichtung auszuwählen, die auch dem Pflegebedürftigen einen gewissen Urlaubscharakter vermittelt, so daß möglichen Befürchtungen besser entgegengewirkt werden kann.

---

[35] S. auch Sven Lind: Tages- und Kurzzeitpflege auf dem Prüfstand, in: Evangelische Impulse 1995, Heft 2, S. 15

Zusammenfassung

Was *während* einer Pflegesituation entlastende Wirkung hat

für die *Angehörigen*	für die *chronisch Kranken*	durch *Organisationen der Alten-, Kranken- und Familienhilfe*
– Bewußtsein der eigenen Grenzen und Fähigkeiten	– eigene Kontaktpersonen	– Zahnradfunktion einzelner Hilfsangebote
– Gesprächs- und Reflektionsmöglichkeiten	– Möglichkeiten finden, Dank und Anerkennung zurückzugeben	
– fordern statt sich zu überfordern	– viel Zuspruch von außen!	– Blickpunkt Familie, anstelle des Blicks auf einzelne Defizite
– Urlaubs- und Erholungsphasen einplanen	– patientenzentrierte Selbsthilfegruppen	
– Abgrenzung und Ablösung		– Förderung des „Urlaubscharakters" von Kurzzeitpflegeeinrichtungen
– Förderung der Eigenaktivität der Kranken		
– eigene Kontakte und Interessen oder Berufstätigkeit		

4. Nach der Pflegesituation

In der Praxis hat sich herausgestellt, daß für die meisten Angehörigen die Probleme nicht verschwunden sind, wenn die Pflege, sei es durch Tod der gepflegten Person oder durch Übersiedlung ins Pflegeheim, wegfällt. Viele ehemals Pflegende erleben auch, daß nach dem Tod des gepflegten Menschen die Trauer erst richtig beginnt, vor allem, wenn es nicht gelungen ist, zu Lebzeiten voneinander Abschied zu nehmen und die Beziehung zu einem guten Ende zu bringen. Ungelöste Beziehungsprobleme bleiben wie Phantomschmerzen nach einer Amputation bestehen und äußern sich durch starke Schuldgefühle und Selbstvorwürfe. Dadurch, daß Trauerrituale abgebaut oder aus dem Alltag ganz verschwunden sind, sind immer mehr Menschen mit ihrer Trauer allein und müssen sie individuell bewältigen. Viele erleben, daß ihre Trauer nie zu Ende ist, daß sie nur lernen können, mit ihr zu leben[36]. Das ist um so schwieriger, wenn Pflegende sich während der Pflegezeit stark aus Freundeskreis und Nachbarschaft zurückgezogen haben (vgl. Kapitel A. I. 3) und keine weiteren Familienangehörigen da sind – oder diese mit anderen Problemen beschäftigt sind: Zur Bewältigung von Trauer gehört nämlich unbedingt das Gespräch und die Mit-teilung, ansonsten bleiben Trauernde in ihrem Trauerprozeß stecken und versteinern bzw. werden depressiv. Im Zentralinstitut für Seelische Gesundheit (ZI) in Mannheim sind der größte Teil der depressiven Patienten der gerontopsychiatrischen Tagespflege verwitwete Frauen nach der Pflege. Bei vielen liegt der Tod des Partners schon lange zurück. Ihnen kann jetzt nur noch Therapie und medizinisch-psychosoziale Betreuung helfen.

So weit muß es aber nicht kommen. Inzwischen gibt es in vielen großen und kleineren Städten, Trauergesprächskreise, die von Bildungseinrichtungen oder Wohlfahrtsverbänden und Kirchen angeboten werden. Zusammen mit gleichermaßen Betroffenen lassen sich leichter Wege aus Trauer und Schmerz finden und neue Lebensperspektiven entwickeln[37].

Aus einem Trauergesprächskreis des Vereins für Kranken- und Altenpflege e. V. in Mannheim entwickelte sich nach einiger Zeit eine Gruppe, die miteinander – zum Teil nie gekannte – Freizeitaktivitäten entwickelte und aus der etliche neue, haltbare Freundschaften hervorgingen (Kontakt: Helga Enger, 1. Vorsitzende des Vereins für Kranken- und Altenpflege e. V., Brandenburger Straße 18, 68309 Mannheim).

Gesprächskreise für Trauernde ermöglichen so eine Aufarbeitung des Geschehenen und neue Anknüpfungspunkte. Auch Angehörige, die nach dem Tod der Patienten weiterhin eine Angehörigengruppe besuchen, erhalten meist viel Trost und können im Nachhinein manches klären.

---

[36] vgl. Karin Wilkening: Geteiltes Leid ist halbes Leid. Ein Bericht über die Arbeit in Trauergesprächskreisen, in: Deutsche Krankenpflegezeitschrift, Heft 12, 1991, S. 869–873
[37] vgl. Karin Wilkening a. a. O., Weitere Literatur findet sich im Anhang

Ähnliches gilt für Angehörige von Pflegeheimbewohnern. Das System Familie erfährt durch die Heimübersiedlung zwar eine tiefgreifende Veränderung, aber besonders die Last schlechter Beziehungen bleibt weiterhin bestehen[38]. Heime, in denen dies erkannt worden ist, z. B. in Fellbach im „Haus am Kappelberg", können durch das Angebot von Gesprächen und Information für Angehörige bessere Beziehungen zwischen Bewohnern, ihren Familienangehörigen, Personal und Leitung erreichen. (Adresse: „Angehörigenarbeit im Heim", Haus am Kappelberg, Stettener Straße 25, 70734 Fellbach).

Weiterhin ist der schon erwähnte Ansatz des Caritasverbandes für Berlin interessant, in langen Jahren mühsam erworbene Kompetenz ehemals Pflegender zu nutzen, nicht aber auszunutzen, und diese Menschen ehrenamtlich, gegen Aufwandsentschädigung oder Bezahlung nach ihren Wünschen in Familien unterstützend einzusetzen. Oftmals können diese ehemaligen Angehörigen dadurch vieles aufarbeiten, vereinsamen nicht so stark (besonders alte Witwen sind ja sehr gefährdet) und erhalten für ihre Hilfe Anerkennung. Voraussetzung ist auch hier kompetente Schulung und Begleitung durch Fachkräfte.

---

[38] s. Astrid Hedtke-Becker: Beruhigung von Störenfrieden oder partnerschaftliche Zusammenarbeit? Angehörigenarbeit im Alten- und Pflegeheim, Teil I und II in: Aus der Heimstiftung, Nr. 23 + 24, Evangelische Heimstiftung e. V. Stuttgart, 1991 und 1992, S. 7–13 und S. 13–17

Teil B

Schritte zum Aufbau von Angehörigengruppen

I. Die Angehörigengruppe als Beitrag zur Entlastung Pflegender

Der nun folgende Teil soll schrittweise reflektiertes Handeln ermöglichen und immer wieder dazu anregen, eigene Erfahrungen mit den hier beschriebenen zu verbinden. Teil B ist in zwei große Kapitel gegliedert. Im ersten Kapitel „Die Angehörigengruppe als Beitrag zur Entlastung Pflegender" werden Hinweise grundsätzlicher Art gegeben, die den Rahmen für die Entwicklung eines eigenen Konzeptes schaffen sollen. Das zweite Kapitel „Umsetzung in die Praxis" gibt dann schrittweise Aufschluß über Fragen der konkreten Vorgehensweise. Die Reihenfolge ist nicht beliebig, sondern aus der Erfahrung in der Praxis heraus bewußt so gewählt und steht in einem inneren Zusammenhang. Die vielen Querverweise ermöglichen es auch, gezielt zu einzelnen Fragen nachzuschlagen.

1. Der Stellenwert von Gruppen im Spektrum der Arbeit mit Angehörigen

Die Gründung von Gruppen für pflegende Angehörige, die seit 1980 in wachsender Zahl zu beobachten ist, ist eine Antwort auf die wahrgenommene Überlastung zu Hause pflegender Familienmitglieder. „Gruppe" verspricht dabei eine größere Wirkung als Hilfe und/oder Beratung im Einzelfall. Durch die häufig auf lange Sicht erwartete „Selbsthilfe" verspricht sie auch eine psychische Entlastung für die oft überlasteten, die Grenze ihrer Pflegekapazität erreichenden Mitarbeiter der anbietenden Institutionen – vor allem der Sozialstationen und anderen ambulanten Pflegediensten. Sie erscheint als ein verlockender Weg, um das „Angehörigenproblem" mit einem Schlag zu lösen: „Bieten wir doch mal eine Gruppe an." Unserer Erfahrung nach kann das Nichtzustandekommen von Gruppen oder Gesprächskreisen keineswegs als Indiz dafür gewertet werden, daß kein Bedarf besteht, sondern dafür, daß das Angebot nicht sorgfältig genug vorbereitet wurde und kein Umfeld besteht.

Häufig kommen solche Angebote spontan und ohne oder nur mit einem sehr starren Konzept zustande. Sie gehen von falschen Vorannahmen aus, was gerade diese Pflegenden, die man erreichen wollte, tatsächlich brauchen und berücksichtigen nicht, daß die Situation Pflegender genauso unterschiedlich ist wie das Leben in unserer Gesellschaft überhaupt: Es pflegen schließlich Menschen mit den unterschiedlichsten materiellen Voraussetzungen, mit verschiedenen Bildungsgraden, unterschiedlichem sozialen Status, unterschiedlicher Sprache und Biographie, mit voneinander abweichender Fähigkeit, Problemsituationen zu meistern, Hilfe von außen zu mobilisieren, und unterschiedlichen Erfahrungen damit, „Klient" einer Institution zu sein.

Schon die Art, wie ein Angebot formuliert und veröffentlicht wird und wo es stattfindet, läßt Bedenken oder auch Ermutigung zur Teilnahme aufkommen. Damit sei nicht schichtenspezifischer Arbeit das Wort geredet, sondern darauf hingewiesen, daß es sich lohnt, genau hinzuschauen, wie ein von der Idee her sinnvolles Angebot verallgemeinert und wirksam gemacht werden kann. Hinzu kommt, daß viele vor einer „Gruppe" erst einmal zurückschrecken. Gruppe wie auch Gesprächskreis kann heißen: Ich muß mich offenbaren, anpassen, gegenüber anderen bestehen können, mich ausdrücken, Erwartungen und Ansprüchen anderer gewachsen sein, um mich nicht zu blamieren. Dies kann als Zwang und Einengung vorgestellt werden.

Darum verwundert die Erfahrung der Mitarbeiterinnen eines ambulanten Dienstes nicht, daß trotz 100 Handzetteln, die an infrage kommende Pflegepersonen verteilt wurden, keine einzige das Angebot eines Gesprächskreises annahm, auch wenn sie bei Gesprächen deutlich machten, daß sie Hilfe und Entlastung suchen. Hier mag allerdings auch eine Rolle spielen, daß Handzettel in Zusammenhang mit Werbezetteln und -broschüren gebracht werden, die man am besten gleich wegwirft.

An einer Gruppe oder einem Gesprächskreis nicht teilzunehmen, heißt aber noch lange nicht, keine Hilfe zu benötigen oder sie rundherum abzulehnen, sondern bedeutet oft nur, daß von diesem Angebot keine Entlastung erwartet wird.

Angehörigengruppen selbst erhalten ihren eigentlichen Wert erst dann, wenn sie eine von vielen Antworten auf die Frage Pflegender nach Entlastung und Unterstützung werden. Dies geschieht am besten dadurch, daß miteinander verbundene und gut überschaubare Entlastungsangebote wie Tagespflege, Kurzzeitpflege, Besuchsdienst, Sozialstationen, Beratungsstellen u. a. nicht zentral, sondern stadtteilbezogen geschaffen werden. In ländlichen Gebieten ist darüberhinaus zu beachten, daß alle Dienste gut erreichbar sein müssen.

Außerdem ist es wichtig, neben der Situation der Pflege die gesamte Familiensituation in den Blick zu nehmen: Es gibt pflegende Familien mit kleinen Kindern, mit Kindern in der Pubertät, alleinstehende Frauen, bei denen besonders Ablösungsprobleme von der zu pflegenden Person im Vordergrund stehen mögen, oder pflegende Ehefrauen, die sehr isoliert leben und selbst schon starke gesundheitliche Probleme haben. Alle benötigen jeweils andere Formen sozialer Unterstützung.

Das Beispiel der Nürnberger Angehörigenberatungsstelle verdeutlicht dabei, wie wichtig das Konzept der „zugehenden Beratung" ist: Angehörige, die Information und Entlastung suchen, werden in ihrer Wohnung besucht; es werden Vertretungsmöglichkeiten für die pflegende Person gesucht, welche über die von ambulanten Diensten geleistete Hilfe hinausgehen; Pflegegeldanträge werden zusammen ausgefüllt und individuelle Hilfemöglichkeiten ausgelotet. Um die Teilnahme an Gruppen für Angehörige von Demenzkranken zu fördern, läuft parallel eine Betreuungsgruppe für die Gepflegten.

Auch ein erweitertes Angebot an Hauskrankenpflegekursen – veranstaltet zu unterschiedlichen Zeiten, damit möglichst viele Bevölkerungsgruppen sie wahrnehmen können –, kann dazu beitragen, daß die Handlungskompetenz schon vor Übernahme einer Pflege hoch ist. Nicht nur die Sicherheit im Umgang mit dem Kranken steigt, sondern auch die Fähigkeit, eigene Grenzen besser einzuschätzen und entsprechend Entlastung zu suchen. Auffallend ist in diesem Zusammenhang, daß in Gebieten, in denen keine Pflegekurse angeboten werden, ein großer Teil der Gruppenmitglieder, die zum ersten Treffen einer Angehörigengruppe kommen, in erster Linie krankenpflegerische Anleitung erwarten.

Zusammenfassend läßt sich sagen, daß Angehörigengruppen als ein sinnvolles, aber begrenztes Entlastungsangebot anzusehen sind, dessen Weiterentwicklung anzustreben ist, wobei gleichzeitig weitere entlastende Dienste ausgebaut und bereitgestellt werden sollten.

Im folgenden verstehen wir unter „Angehörigengruppen" alle regelmäßigen Zusammenkünfte pflegender Angehöriger, die den Sinn und den Zweck haben, ihre Lebenssituation zu thematisieren sowie Entlastung und Unterstützung anzubieten. Darunter sind sowohl Gruppen gefaßt, die überwiegend auf Information ausgerichtet sind als auch solche, in denen Gespräche im Vordergrund stehen. Eine genaue Unterteilung ist in Kapitel B.II.7 zu finden, wo auch die jeweiligen Besonderheiten dargestellt werden.

2. Motivation und Erwartungen der Teilnehmerinnen

Die Gründe, die Angehörige zur Teilnahme an einer Angehörigengruppe motivieren, sind oft ebenso schwer herauszufinden wie die Hintergründe, warum sie es nicht tun.

Im folgenden soll zuerst die *Motivation für die Teilnahme* betrachtet werden: Motivation als tieferliegender Antrieb, etwas zu tun oder nicht zu tun, soll hier von dem unterschieden werden, was Gruppenmitglieder als Erwartung angeben. Häufig deckt sich beides nicht, auch wenn es Zusammenhänge gibt.

Ein Beispiel:
Frau A., eine attraktive, gebildete und lebensfrohe Vierzigerin, kommt in das „Seminar für pflegende Angehörige", um etwas zu lernen, wie sie sagt. Im Verlauf des sechsteiligen Seminars wird deutlich, daß sie zwar an Sachthemen sehr interessiert, in Wirklichkeit aber nur mäßig beteiligt ist und immer wieder abblockt: „Das ist doch bestimmt nur Theorie." Die Gruppe spürt, daß es um die Entscheidung geht, ob sie ihre demente Mutter, zu der sie eine sehr abhängige Beziehung hat, noch länger in deren Wohnung belassen kann mit täglichen Besuchen von ihrer Seite und ambulanten Diensten, oder ob diese Hilfe nicht mehr ausreicht und ein Heimplatz gesucht werden muß. Sie baut kaum Beziehungen zu den übrigen Gruppenmitgliedern auf, ist aber immer sehr verbindlich und höflich. Als die Entscheidung für die Heimaufnahme getroffen ist, besucht sie den im Anschluß an das Seminar stattfindenden Gesprächskreis zu gelegentlichen Stippvisiten, um der Gruppenleitung persönliche Rückmeldung zu geben und sich für die Entscheidungsfindung zu bedanken.

Gruppenteilnehmerinnen ist oft nicht bewußt, warum sie wirklich in die Gruppe gekommen sind. Die angegebenen Gründe und die daraus resultierenden Erwartungen sind oftmals Rationalisierungen oder Verdrängungen tieferliegender Problemsituationen, die manchmal erst nach vielen Treffen oder einem konkreten Anlaß deutlich werden.

Die Teilnahme an einer Gruppe ist an sich schon ein Versuch, die eigenen Probleme besser zu verstehen und den eigenen Handlungsspielraum zu erweitern. Hinzu kommt, daß sich während des Verlaufs einer Gruppe die eigenen Bedürfnisse verändern können oder bewußter werden und das, was anfangs wichtig erschien, an Bedeutung verliert.

Beispiel:
Herr V., ein vitaler Mann von Mitte sechzig, pflegt seit drei Jahren seine Frau, die durch einen Schlaganfall an den Rollstuhl gebunden ist, mit viel Einfallsreichtum. Er gibt an, das Angehörigenseminar zu besuchen, weil er sich viele Informationen über Entlastungsangebote wünscht. Die Gruppenleitung bemüht sich, diesem Bedürfnis nachzukommen.
Es wird deutlich, daß Herr V. sich sehr gut auskennt und es sichtlich genießt, das am besten informierte Gruppenmitglied zu sein. Er gibt bereitwillig Ratschläge und wird von den anderen Teilnehmerinnen auch zu Hause oft angerufen. Er betont immer wieder, wie gern er seine Frau pflegt und wie gut ihm das gelingt. Die Anerkennung durch die Gruppe scheint das zu sein, was er braucht, denn er fehlt in keiner Sitzung.

Gerade Information scheint also ein geeignetes Vehikel zu sein, vieles andere damit zu transportieren.
Diese Überlegungen und Beispiele erscheinen uns im Hinblick darauf wichtig, daß die Gruppenleitung sich nicht zu stark auf die angegebe-

nen Gründe für die Teilnahme und die anfangs geäußerten Erwartungen verlassen, sondern den Gruppenprozeß und die Entwicklung der einzelnen Personen im Blick haben sollte.

Neben der Aussage „etwas lernen zu wollen", was besonders für Kurse, Seminare und informationsorientierte Gruppen gilt, werden von Angehörigen auch ganz banal erscheinende Gründe angegeben: „Da habe ich den Artikel in der Zeitung gelesen und gedacht, da gehst du einfach mal hin." Besonders häufig wird dies als Teilnahmegrund dort genannt, wo das Angebot einer Gesprächsgruppe das erste oder einzige Entlastungsangebot am Ort ist, außer z. B. der Sozialstation.

Pflegende werden oft von Freunden, Verwandten oder Bekannten auf das Angebot aufmerksam gemacht oder sogar regelrecht „hingeschickt", wie die Frau, deren Ehemann sie auf das Seminar für pflegende Angehörige mit den Worten hinwies: „Da geh' nur hin, da kannst du noch was lernen". Dies kann besonders dann massiv sein, wenn es gilt, eigene Schuldgefühle zu verdrängen.

Ein eher selten angegebener Grund ist: „Ich mußte mal etwas für mich tun", weil dies schon ein gewisses Bewußtsein dafür voraussetzt, daß auch Helfende etwas für sich tun sollten.

Im folgenden gehen wir näher auf die *Erwartungen* ein, die Gruppenteilnehmerinnen an eine Angehörigengruppe haben. Es handelt sich hierbei um Angaben aus der Caritas-Befragung. Es wird keine Unterscheidung vorgenommen, um welchen Typ von Gruppe es sich handelt (vgl. B.II.7), da die vorgenommene Aufstellung aus überwiegend gemischten Gruppen hervorgegangen ist, die nicht zwischen Gesprächskreis und Informationsseminar unterschieden. Die Angaben wurden von den Leiterinnen bzw. den Veranstaltern der Gruppen gemacht. Insofern wird auch nicht unterschieden zwischen anfangs geäußerten Erwartungen und solchen, die sich erst entwickelt haben.

2.1 Konkrete Hilfen

Zuerst genannt wurden in den Fragebögen fast immer der Wunsch nach konkreten praktischen Hilfen und das Bedürfnis nach Information. Das paßt in den Rahmen von „etwas lernen wollen" und zu dem Eindruck, daß häusliche Pflege von Kranken etwas ist, worüber man möglichst viel wissen sollte, um es „richtig" zu machen. Hier sind zu nennen: Informationen über
finanzielle Hilfen
(Sozialhilfe, Pflegegeld, Wohngeld u. a.);
rechtliche Fragen
(Testament, eigene Rente, Vormundschaft, Pflegschaft);

Entlastungsangebote der ambulanten Dienste (Leistungen der Sozialstationen, Mobilen Hilfsdienste, Nachbarschaftshilfe);
praktische Hilfen
(pflegerische Handgriffe, Pflegehilfsmittel und ihre Anwendung);
Urlaub von der Pflege, Kurzzeitpflege;
Stundenweise Entlastung;
die einzelnen Krankheiten der Pflegebedürftigen und ihre Auswirkungen, dabei vor allem Schlaganfall, Parkinsonsche Krankheit, Demenz, Herz- und Kreislauferkrankungen u. a.

Umgang mit dem Kranken
Vermittlung ambulanter Dienste oder stundenweiser Entlastung

In dieser Aufzählung fällt auf, daß die Erwartung fehlt, über stationäre und teilstationäre Angebote wie Heim und Tagespflegeheim informiert zu werden. Auch wenn diese Informationen in vielen Gruppen tatsächlich vermittelt werden, so ist eine Abwehr diesem Thema gegenüber vor allem zu Beginn festzustellen. Wer zur Hause pflegt, will Alternativen vermutlich gar nicht kennen, denn vor allem das Heim dient oft als Drohung dem gepflegten Menschen gegenüber und gibt als Schreckensbild auch die Kraft, so weiterzumachen wie bisher: „Mutter soll nicht im Heim dahinvegetieren." Zwischenlösungen und teilstationäre Angebote werden kaum in Erwägung gezogen, „alles oder nichts" scheint oft die einzige Alternative zu sein.

In dieser Aufzählung fehlt auch alles, was bisher noch einen geringen Bekanntheitsgrad hat oder noch nicht angeboten wird: Was man nicht kennt, kann man auch nicht nachfragen, z. B. Altenberatung, Kontaktvermittlung für den kranken Menschen oder sinnvolle Beschäftigungsmöglichkeiten für ihn.

2.2 Psychosoziale Entlastung

Obwohl die Erwartungen an konkret-praktische Hilfen häufig im Vordergrund zu stehen scheinen, sind doch die Erwartungen an die psychosoziale Entlastung sehr groß und werden von den Gruppenleiterinnen sehr differenziert beschrieben, wobei davon auszugehen ist, daß es sich gleichzeitig auch schon um Ergebnisse aus der Teilnahme an Gruppen handelt.
Zeit für sich haben (abschalten können, zwei Stunden ohne Pflege sein, Schöpfen neuer Kraft, sich selbst etwas Gutes tun, ausspannen, nicht nur über Probleme reden)

Aussprache (Entlastung durch Problembesprechung, Not und Überforderung mal aussprechen können, Trost, Hoffnung und Verständnis, jemanden finden, der einem zuhört)
Selbstbewußtsein (Selbstwertgefühl aufbauen, Anerkennung erhalten, moralische Unterstützung durch Gleichbetroffene und Fachleute, Motivation)
Kontakt (Anregung von und Austausch mit anderen, Verständnis für andere, anderen helfen können, Kontakte finden, Gemeinschaft erfahren, gegenseitiges Stärken und Mutmachen, Geselligkeit, „mal rauskommen")

3. Hinderungsgründe für die Teilnahme

Wie schon angesprochen, ist grundsätzlich davon auszugehen, daß nicht jeder, der einen pflegebedürftigen Menschen versorgt, in eine Gruppe gehen möchte. Besonders pflegende Angehörige aus sozial benachteiligten Schichten fühlen sich von dieser Art der Problembewältigung selten angesprochen. Sie haben oft kommunikative Formen, wie sie das Gruppengespräch darstellt, nicht gelernt und obendrein Zugangsbarrieren zu Bildungsträgern und Institutionen, von denen solche Gruppen angeboten werden. Diese Hindernisse und Barrieren lassen sich durch zugehende Formen der Werbung wie persönliche Ansprache (siehe Kapitel B.II.3) ein Stück weit abbauen, bestehen bleibt aber das Sprachproblem innerhalb der Gruppe für diejenigen, die sich nicht gut ausdrücken können.
Es läßt sich auch beobachten, daß Menschen, die sich schwertun, vor Unbekannten frei zu sprechen, schon häufig nach dem ersten Treffen einer Gruppe nicht mehr wiederkommen. Hier kommt es einerseits auf das Geschick der Gruppenleitung an, andererseits ist aber gerade für diese Personengruppe besonders zu überlegen, ob andere Formen der Unterstützung und Hilfe nicht zusätzlich oder alternativ angeboten werden können.
In Neuwied z. B. hat man die Erfahrung gemacht, daß mit einer offenen „Gesprächsreihe" mit Vorträgen durch verschiedene Referenten zu Einzelthemen erheblich mehr Pflegende erreicht werden konnten als alle drei Wohlfahrtsverbände, die stadtteilorientierte Gesprächsgruppen anboten, je erreicht hatten. Es ist viel unverbindlicher und leichter, anonym einen Vortragsabend zu besuchen, als sich in einer Gruppe zu offenbaren. Besonders ältere Frauen haben in der Regel noch wenig „Gruppenerfahrung" und können sich darunter oft nichts vorstellen. Der Anteil jüngerer Frauen bis 50 ist darum, gemessen an ihrer absoluten Zahl unter den Pflegenden, in Angehörigengruppen

häufig recht hoch. Ältere Frauen scheinen einen leichteren Zugang zu haben, wenn sie vorher schon Volkshochschulkurse o. ä. besucht haben oder von anderen Gruppenteilnehmerinnen „mitgebracht" werden.
Ein weiterer Hinderungsgrund ist die Abwehr, soziale Hilfen, die Außenstehenden sinnvoll und notwendig erscheinen, auch tatsächlich in Anspruch zu nehmen. In der schon erwähnten „Norderstedter Studie" wurden Pflegende befragt, ob sie eine der sozialen Hilfen im Umkreis in Anspruch nehmen. 76,7 Prozent gaben an, keinen Bedarf zu haben; lediglich 3,3 Prozent gaben an, keinerlei Kenntnis davon zu haben. Bei den Befragten handelte es sich nach wissenschaftlicher Einschätzung um hochbelastete Personen.
In einer Anschlußstudie [1] gingen die Forscher den Gründen für das Abstinenzverhalten nach. Sie liegen u. a. im sozioökonomischen Status. Je geringer das Haushaltsnettoeinkommen ist, desto seltener ist die Inanspruchnahme sozialer Dienste. Für Bezieher geringerer Einkommen ist es erheblich schwieriger, zu Institutionen außerhalb der unmittelbaren Umgebung zu gehen, als für Bezieher höherer Einkommen. Zum anderen spielt die intergenerative Beziehungskonstellation und die Persönlichkeit mancher Angehörigen eine Rolle. Das Unbehagen darüber, daß durch Inanspruchnahme sozialer Dienste Fremde einen Einblick in die persönlichen Verhältnisse erhalten, weist auf weitergehende Ansprüche an sich selbst hin. Hilfen von außen in Anspruch zu nehmen, führt häufig zu dem eigenen Urteil, bei einer Aufgabe, die an die eigene Person gebunden zu sein scheint, versagt zu haben[2].
Das betrifft auch Allmachtsansprüche im Hinblick auf die eigene Unersetzlichkeit, mit der z. B. eine früher nicht erreichte Intensität der Bindung zu einem Elternteil hergestellt werden soll. Unter Umständen mobilisiert Inanspruchnahme fremder Hilfe eigene Altersängste. Hinzu kommt, daß die Delegation von Verantwortung auch einen Trennungsaspekt beinhaltet, der zu Schuldgefühlen und Versagensvorwürfen führen kann oder diese mobilisiert: Indem ich von mir obliegenden

---

[1] Beschrieben in: Roland Haenselt: Probleme der Inanspruchnahme familientherapeutischer Hilfen durch die Betroffenen, in: Peter Zeman (Hrsg.): Hilfebedürftigkeit und Autonomie – Zur Flankierung von Altersproblemen durch kooperationsorientierte Hilfen, Deutsches Zentrum für Altersfragen e. V., Berlin 1988, S. 37–43

[2] vgl. auch Peter Zeman: Häusliche Altenpflegearrangements. Zum Aushandlungsgeschehen zwischen lebensweltlichen und professionellen Helfersystemen. Deutsches Zentrum für Altersfragen e. V., Diskussionspapiere Nr. 4, Berlin 1996

Aufgaben etwas abgebe, trenne ich mich von dem, was ich tue und für den ich es tue. Auch das Gefühl, selbst vieles besser zu können als eine (vermeintlich) unerfahrene Pflegerin, eine Sozialarbeiterin, Ärztin oder Psychologin, kann zu der Annahme führen, auf diese Hilfe könne man leicht verzichten.

Menschen in schwierigen Lebenssituationen, wie sie die Pflege eines Langzeitkranken zu Hause darstellen, mögen wohl auch zu dem Schluß kommen, daß erst die, die Hilfe in Anspruch nehmen, wirklich hilflos sind, und dazu möchten sie nicht gehören.

In all diesen Gründen ist auch eine historisch-soziale Dimension enthalten, denn die Inanspruchnahme der inzwischen allgegenwärtigen Hilfeangebote muß auch gelernt werden, da sie eine neue Antwort unserer Zeit auf neue gesellschaftliche Fragen darstellt. Vielen Angehörigen ist nicht klar, daß qualifizierte Hilfe ein Stück Freiheit und Selbständigkeit ermöglicht. Autonomie und Hilfebedürftigkeit können gleichzeitig bestehen: Der, der sich an einigen Punkten helfen läßt, hat unter Umständen eine größere Selbständigkeit und Selbstverantwortung als der, der aufgrund von Dauerüberlastung dann eine „totale Lösung" finden muß.[3] Dazu ein typisches, in der Praxis häufig anzutreffendes Beispiel:

> Frau M., 65 Jahre alt, pflegt ihre 87jährige bettlägerige, korpulente Mutter ganz allein seit fünf Jahren. Sie ist unverheiratet und lebt seit 30 Jahren mit kurzen Unterbrechungen mit der Mutter zusammen in einer Wohnung. Sie verläßt die Wohnung inzwischen nur noch für kurze Einkäufe und Arztbesuche. Durch das ständige Heben und Drehen der alten Frau hat sie selbst Rückenprobleme. Sie hat kaum Kontakte, Angebote von seiten der Nachbarschaft, mal für sie einkaufen zu gehen oder sie zu Hause zu vertreten, möchte sie nicht in Anspruch nehmen. Auch die Gemeindeschwester, die auf Veranlassung des Hausarztes vorbeikam, hat Frau M. wieder weggeschickt, „weil Mutter keine Fremden im Haus haben mag". Nach einem Bandscheibenvorfall mußte sie operiert werden und sich danach monatelang schonen, weil auch noch andere Wirbel gefährdet waren. Für die Mutter suchte sie unter größten Mühen vor ihrem Krankenhausaufenthalt einen Heimplatz, wo diese dann blieb. Andere Lösungen waren Frau M. nicht geläufig.

Ohne Mühe ließen sich noch viele solcher Beispiele aufzählen. Unserer Ansicht nach stellt die Inanspruchnahme einer Angehörigengruppe einen (ersten) großen Schritt in Richtung „Hilfe zur Selbsthilfe" und „Helfenlassen" dar, wenn es gelingt, die Zugangsbarrieren zu senken.

---

[3] vgl. Peter Zeman: Hilfebedürftigkeit und Autonomie – Zur Alterskultur und Kultur der Altenhilfe, in Peter Zeman (Hrsg.), a. a. O., S. 152–183

4. Entlastung durch die Gruppe

Zuerst wollen wir uns mit der Frage beschäftigen, welche Entlastung Gruppen in der sozialen Arbeit allgemein darstellen, und anschließend die spezielle Entlastung, welche die Angehörigengruppe bieten kann, näher anschauen.

4.1 Entlastung durch Gruppen allgemein

Da es sich bei pflegenden Angehörigen überwiegend um (ältere) Frauen handelt, soll auch im folgenden von Gruppen für Frauen die Rede sein.

Was vielen Frauen schichtübergreifend fehlt, und dies betrifft besonders die älteren, ist ein positives Selbstbild, das Vertrauen in die eigenen Kräfte, die Fähigkeit sich zu äußern, eigene Bedürfnisse wahrzunehmen und Forderungen zu stellen. Die Ursachen dieser „Mängel" sind vielfältig und in benachteiligten sozialen Schichten, in denen Frauen weniger Entwicklungsmöglichkeiten haben, häufig noch ausgeprägter. Sie liegen zum einen in der spezifisch weiblichen Sozialisation, die zu gesellschaftlichen Diskriminierungen führt, zum anderen in der individuellen Biographie begründet.[4]

Trotz dieser Prägung durch die eigene Lebensgeschichte, die uns in der Persönlichkeit in gewisser Weise festlegt, haben wir vielfältige Möglichkeiten, uns zu verändern. Wir stellen uns immer wieder um und entwickeln neue Verhaltensmuster, Deutungen und Bewältigungsstrategien. Hierbei können Gruppenbeziehungen sehr hilfreich sein, weil sie integrierende und gleichzeitig persönlichkeitsfördernde Bedeutung haben. Der Zusammenschluß von Gleichbetroffenen kann zu der Einsicht führen, daß die eigenen Probleme nicht nur individuell, sondern auch sozial und gesellschaftlich verursacht sind.

Durch die anderen Gruppenmitglieder erfahren die einzelnen Teilnehmerinnen emotionale und praktische Unterstützung und erleben gleichzeitig, daß auch sie über Fähigkeiten verfügen, die von den anderen geschätzt werden. Dadurch wird das eigene Selbstbewußtsein gestärkt und eine bewußte Auseinandersetzung mit der eigenen Lebenssituation möglich.

Die eigenen Bedürfnisse zu kennen und zu akzeptieren ist wiederum die Voraussetzung dafür, andere Menschen ernst nehmen zu können sowie die Bereitschaft zu entwickeln, ihre Bedürfnisse kennenzuler-

---

[4] vgl. auch Andrea Caspers und Barbara Fülgraff: Ich stehe, aber ich möchte ‚laufen', in: Evangelische Impulse, 4/88, S. 12–14

nen und ihnen dabei behilflich zu sein, diese zu befriedigen. In länger bestehenden Gruppen gehen solche individuellen, bewußtseinsbezogenen Handlungen nicht selten in gemeinsames Handeln über:
Gestaltung von Freizeit,
gemeinsames Suchen neuer Aufgaben,
Öffentlichkeitsarbeit und Aktionen,
gegenseitige praktische Hilfe bis hin zur
Planung gemeinsamer Lebensbereiche, konkret: Zusammenwohnen, gemeinsam in Urlaub fahren, sich eine gemeinsame Ferienwohnung anschaffen o. ä. [5]

4.2 Spezifische Entlastung durch die Angehörigengruppe

Für pflegende Angehörige können Gruppen in vielfacher Hinsicht spezielle entlastende Wirkung haben.

Zum einen ermöglichen die Treffen einen „legalen Rahmen" zur Organisation von Freizeitaktivitäten, die von manchen Frauen nach Beendigung der Gruppentreffen begonnen werden und die weitere Entwicklungsmöglichkeiten beinhalten können. „Am Anfang war der sechswöchige Kurs jeden Mittwoch etwas, was mein Mann gut akzeptieren konnte. Inzwischen hat er sich daran gewöhnt, daß der Mittwochnachmittag ‚mein Tag' ist und er dann für ein paar Stunden allein ist ..."

Der erste Schritt, nämlich regelmäßig zu bestimmten Zeiten aus dem Haus zu gehen, ist schon an sich eine Entlastung aus dem Gefühl heraus, „jetzt brauche ich mal etwas für mich". Ein Kurs oder eine Gesprächsgruppe zum Thema „Pflege in der Familie" kann von Pflegenden und ihren Familienangehörigen eher akzeptiert werden als andere Formen der psychischen Entlastung wie eine Selbsthilfegruppe oder Angebote der Bildungseinrichtungen, z. B. „Frauen in der Lebensmitte", „Vorbereitung auf Alter und Ruhestand" usw., da scheinbar die zu pflegende Person im Vordergrund steht.

Aufgrund der eingangs angesprochenen benachteiligenden Sozialisation von Frauen sollten Pflegenden in Angehörigengruppen Formen von Selbsterfahrung ermöglicht werden. Es geht auch in Angehörigengruppen nicht nur um die Funktion der Frauen als Pflegende, sondern um nicht befriedigte persönliche Ansprüche in vielen Lebensbereichen. Die eigene Biographie und die Situation der Pflege sind

---

[5] Dazu auch Rösgen, Neumeier, Hellenbrand, Leimer: Ich brauche keine Therapie, ich bin doch nicht verrückt! in: dies. (Hrsg.), Gemeinwesenarbeit, Jahrbuch 4 AG SpAK, S. 90 ff.

miteinander verquickt: Erst konnten Frauen als Frauen schon in jüngeren Jahren so vieles nicht ausleben, und dann kommt später noch die Pflege als weitere Verzichtsituation und Einschränkung der eigenen Möglichkeiten dazu, manches Mal sicher auch unbewußt sich selber aufgebürdet, um z. B. das „empty nest" nach der Phase der Kindererziehung nicht mit eigenen Entwicklungsschritten füllen zu müssen. Zu diesen Schritten muß man aber erst einmal kommen, und so haben Angehörigengruppen vor allem für Frauen häufig emanzipatorischen Charakter: Viele lernen zum ersten Mal, ihre Bedürfnisse wahrzunehmen und sich auch die Freiheit zu nehmen, sie zu befriedigen – trotz oder gerade wegen der Pflegesituation als einer nicht absehbaren Zeit. Die Leitung einer Angehörigengruppe sollte aber auch im Blick haben, daß Pflegende noch in vielen anderen Lebensbezügen und Problembereichen stehen und nicht nur über die Pflegesituation reden wollen.

Eine wichtige, oft zuallererst gesuchte Entlastung stellen *Informationen rechtlicher, medizinischer und sozialer Art dar*[6], wie sie im vorigen Kapitel schon ausgeführt sind. Es ist bedauerlich, wie wenig Pflegende über ihre rechtlichen und finanziellen Ansprüche informiert sind und daß sie, selbst wenn sie schon davon gehört haben, keinen eigenen Zugang finden. Die Gründe liegen u. a. darin, daß es für Ungeübte nicht immer einfach ist, sich im Dickicht der Behörden und Institutionen zurechtzufinden. Auch lassen sich besonders Frauen von der ersten negativen Erfahrung leicht abschrecken: Eine offensichtlich falsche Auskunft von der Pflegekasse, unhöfliches, beleidigendes Gebaren von seiten einer Sachbearbeiterin lassen sie zu der Ansicht kommen, „es hat ja doch keinen Zweck". Bei älteren Frauen, die ihren Partner pflegen, kann hinzukommen, daß dieser früher die Formalitäten mit Behörden und Institutionen geklärt hat und sie selbst über wenig oder gar keine Erfahrung damit verfügen und deswegen besonders leicht zu verunsichern sind.

So ist es eine große Erleichterung, wenn in der Gruppe solche Informationen auf persönliche Art gegeben werden können, Namen von zuständigen Sachbearbeiterinnen bekannt werden oder durch Referentinnen aus den jeweiligen Institutionen Schwellenängste verringert werden. Um für den Papierkrieg zu rüsten, kann es entlastend sein, gemeinsam die jeweiligen Formulare, z. B. einen Pflegegeldantrag oder

---

6 vgl. auch die im Anhang erläuterten Forschungsberichte über das Modellprojekt des Diakonievereins Roth e. V.; Birgit Jansen und Ernst von Kardorff: Pflege für die Pflegenden. Bd. I und Bd. II, Institut für Gerontologische Forschung e. V., München 1994

einen Wohngeldantrag, durchzugehen. In fast allen Gruppen, von denen wir Kenntnis haben (außer den therapeutischen), ist die Information über finanzielle und rechtliche Möglichkeiten ein wesentlicher Bestandteil der Gruppenarbeit.

Ähnlich verhält es sich mit *medizinischen* Informationen. Nur wenige Pflegende sind hinreichend informiert, z. B. über Folgen und Auswirkungen eines Schlaganfalls, der Parkinsonschen Krankheit, der Alzheimer Demenz usw. Wissen über Zusammenhänge kann entlasten von dem bei Pflegenden so häufigen inneren Gefühl, vieles falsch zu machen, und sinnvolle Verhaltensänderungen bewirken.

Die Informationen über ambulante Dienste, welcher Wohlfahrtsverband welche Entlastung und Hilfeleistung zu welchen Bedingungen anbietet, verbunden mit persönlichen Anmerkungen, erleichtert für Pflegende die Inanspruchnahme: „Ach, ich wußte gar nicht, daß Essen auf Rädern für alle Hilfebedürftigen möglich ist, ich dachte, das können nur Sozialhilfeempfänger beanspruchen." Solche Halbinformationen können beseitigt werden und durch Erfahrungsaustausch in der Gruppe für die jeweilige Person die beste Lösung gefunden werden.

Eine weitere große Entlastung bedeutet allgemein *der Erfahrungsaustausch* mit anderen Betroffenen, wie er außer in einer solchen Gruppe im Alltag selten noch möglich ist. Erfahrungsaustausch meint dabei sowohl den kognitiven Bereich als auch den Austausch über Gefühle, Empfindungen, über Erfahrungen, Wünsche, Hoffnungen und Probleme: „Ich habe nicht gewußt, daß es anderen auch so geht, daß es so schwer ist, Wut und Aggressionen im Zaum zu halten."

Mit den eigenen Problemen nicht allein dazustehen, sondern Ansprechpartnerinnen zu haben, führt auch dazu, daß Pflegende ihre eigene Belastung einordnen, sie auch als relativ erleben können und sie unter Umständen schon dadurch „tragbarer" wird. Ansätze zur Veränderung können sich dadurch ergeben, daß es erst in der Gruppe richtig klar wird: Es handelt sich bei mir gar nicht nur um meine persönlichen Probleme, sondern es gibt Situationen und Probleme, die fast zwangsläufig durch die Übernahme einer Pflege entstehen, auch bei Menschen, die ganz anders sind als ich.

Das *Aufbrechen der Isolation* Pflegender kann durch die Angehörigengruppe gezielt gefördert werden, denn manche Angehörigen lernen zum ersten Mal seit Jahren wieder Leute kennen, die sich für sie persönlich interessieren. Eine Pflegende berichtete, daß es ihr unglaublich guttut, in der Gruppe gefragt zu werden: „Wie geht es Ihnen?" „In meiner Umgebung weiß jeder, daß mein Mann seit zehn Jahren krank ist. Oft werde ich beim Einkaufen angesprochen: „Ja, wie geht es deinem Mann denn? Es ist sicher schwer für ihn, ans Bett gefesselt zu sein und kaum noch sprechen zu können. Was war er früher für ein aktiver und redegewandter Mensch!' Aber glauben Sie, daß in den ganzen zehn Jahren noch nie jemand gefragt hat, wie es mir dabei geht?" Durch solche Erfahrungen ziehen Pflegende sich im Lauf der Zeit immer stärker zurück und erleben es dann als sehr befriedigend, Kontakte zu Menschen zu knüpfen, denen man nicht lange erklären muß, warum es einem unter Umständen genauso schlecht geht wie dem gepflegten Menschen selbst.

Das Ansprechen von *Tabu-Themen* wie Tod und Sterben, Sexualität, Gewalt ist anfangs oft mit vielen Ängsten verbunden. Gelingt es dann aber in der Gruppe, miteinander darüber ins Gespräch zu kommen, hat es eine kathartische Wirkung. Ein einziges intensives Gespräch kann wie der Schlag sein, der den Gordischen Knoten löst. Das setzt dann eine Fülle von Fähigkeiten zur Bewältigung des jeweiligen Themas frei. Vor allem werden die Teilnehmerinnen zugänglicher und offener im Umgang damit. Diese Themen sind häufig verbunden mit tiefen Scham- und Schuldgefühlen, die – behutsam angesprochen – auch der Gruppe neue Kommunikationsformen miteinander eröffnen.

Beim Thema *Tod* ließ sich in einer Gruppe durch das erneute Ansprechen die Trauer- und Abschiedsarbeit einer Frau vorbereiten, deren Mann nur noch wenige Wochen leben würde. Nach seinem Tod besuchte die Frau die Gruppe weiter und erlebte es als sehr hilfreich, ohne Peinlichkeit über ihre Gefühle sprechen zu können. Von allen Tabuthemen werden noch am ehesten Tod, Sterben und auch Trauer thematisiert. Sie sind in gewisser Weise ein öffentlicher Akt, dem sich niemand entziehen kann, im Gegensatz zu Sexualität und Gewalt.

Sexualität ist – in Grenzen – zwar ein erwünschtes Verhalten, aber gerade in Bezug auf ältere Menschen existieren viele Vorurteile, auch bei den Betroffenen selbst. Hinzu kommt, daß Sexualität in unserer Kultur alles andere als öffentlich ist. Wir konnten die Erfahrung machen, daß dieses Thema von selbst in der Gruppe kaum angesprochen wird, schon gar nicht, wenn die Gruppe sehr gemischt ist oder Männer dabei sind. Der Zugang zu diesem Thema ist leichter, wenn als Aufhänger z. B. ein Referat gehalten, aus Büchern vorgelesen oder über die allgemeine Bedeutung von Sexualität gesprochen wird. Voraussetzung, um eigene Erfahrungen preiszugeben, ist natürlich ein echtes Vertrauensverhältnis. Es kann auch hilfreich sein, sich in Zweier- oder Dreiergruppen freier Wahl auszutauschen.

Gewalt ist das am schwersten zugängliche Thema. Als grundsätzlich unerwünschtes Verhalten, um dessen Verwerflichkeit alle wissen, möchte man die Tatsache am liebsten leugnen, daß die Bedingungen

häuslicher Pflege Gewalt geradezu provozieren können[7] (vgl. Teil A). Die Zusammenhänge behutsam aufzuzeigen und allgemeine Lösungsvorschläge zu machen, hat eine große entlastende Wirkung und verhindert beschämende Offenbarungen, mit der Gruppenmitglieder – und nicht selten auch die Leitung – in der Regel überfordert sind.
Das Erkennen der realen Belastung: Die eigene Belastung zu erkennen und sie richtig einzuschätzen, ist ein Teil der Bewältigung einer schwierigen Situation, in der sich die meisten pflegenden Angehörigen befinden. Es ist leichter zu erlernen, wenn man bei anderen erkennt, was sie alles „falsch" machen, wo sie zuviel oder auch zu wenig tun. Eine wichtige Grundregel zur Entlastung lautet denn auch: „Ich muß nicht alles machen" und „Ich muß nicht alles allein machen". Das heißt, einerseits zu lernen, daß es sinnvoll und möglich ist, der gepflegten Person Grenzen zu setzen, ihr nicht jeden Wunsch von den Augen abzulesen und damit gleichzeitig in Richtung aktivierende Pflege zu zielen. Andererseits bedeutet es, da, wo die Pflegeleistung nicht sinnvoll reduziert oder eingegrenzt werden kann, Hilfskräfte miteinzubeziehen, auch wenn das nicht immer leicht ist und im Verhältnis zwischen pflegender und gepflegter Person Schwierigkeiten auftreten können. In der Gruppe tauschen Pflegende darüber Erfahrungen aus, empfehlen sich geeignete Stellen und verlieren die Angst davor, fremde Personen in ihr Haus zu lassen.
Eine weitere Entlastung kann in vielen Gruppen eine wichtige Rolle spielen: *Nicht nur über Probleme und Sachthemen zu sprechen,* sondern auch Feste oder kleine Feiern zu gestalten, entspannende, erfreuliche Dinge miteinander zu tun, die Pflegende sich allein oder mit dem kranken Menschen schon lange nicht mehr erlaubt haben. Das ermutigt dazu, auch im Alltag solche Elemente stärker anzunehmen oder gezielt zu gestalten.
Ob es zur *Entwicklung von Selbsthilfe* kommt, z. B. daß Angehörige sich kurzzeitig gegenseitig vertreten, daß sie sich unabhängig von den offiziellen Treffen miteinander verabreden oder daß sie sich sogar mit Forderungen an Kirche und Gemeinde wenden, ist sehr unterschiedlich und abhängig von der Dauer der Gruppe, vom Gruppenprozeß, den einzelnen Teilnehmerinnen und nicht zuletzt von der Leitung.

---

[7] vgl. auch Margret Dieck: Gewaltanwendung gegen alte Menschen: Ist die Beachtung des Tabus wichtiger als Aufklärung, Prävention, Hilfe?, in: Nachrichtendienst des Deutschen Vereins e. V., Heft 11, 1993, S. 393–399; I. van Cleve, Gewalt in der Pflege. In: Altenpflege, Heft 7, 1995

Beispiel:
In einer zwölfköpfigen Gruppe kommt es beim Thema „Tod und Sterben" zu intensiven Begegnungen zwischen den Gruppenmitgliedern. Ein Mann um die 40, dessen Frau gerade gestorben ist, und ein jüngeres Ehepaar entdecken viele Gemeinsamkeiten in ihren persönlichen Erfahrungen. Nach dem offiziellen Treffen tauschen sie Buchtips miteinander aus und verabreden sich. Als es bei dem verwitweten Mann zu einer Krise kommt, hat er in dem inzwischen befreundeten Ehepaar kompetente Ansprechpartner, die ihn ein Stück weit, auch nach Beendigung der Gruppe, begleiten können.

5. Effektivität und Grenzen von Angehörigengruppen

Wie schon angesprochen, erhalten Angehörigengruppen ihren unverzichtbaren Wert am ehesten in einem differenzierten und gleichzeitig überschaubaren Angebot weiterer entlastender Dienste wie ambulanter Pflege, hauswirtschaftlicher Hilfen, mobile soziale Hilfsdienste, Tagespflege, Kurzzeitpflege usw., die miteinander im Zusammenhang stehen und auf Angehörige orientiert sein sollten[8]. Dies ist bisher leider nur in wenigen Städten und Gemeinden annähernd der Fall. Angehörigengruppen können aber auch eine Vorreiterrolle haben, vor allem, wenn z. B. eine gut informierte Leitung die Teilnehmerinnen ermutigen kann, noch nicht vorhandene oder erst im Aufbau befindliche Dienste gezielt nachzufragen.

Gruppen können von ihrem Wesen her nur einen Teil der Probleme Pflegender lösen helfen. Wie wesentlich dieser Teil aber sein kann und welchen Stellenwert Gruppen bei der Bewältigung der oft schwierigen Lebenssituation in der häuslichen Pflege haben, zeigt eine empirische Untersuchung bei 58 Teilnehmerinnen von Angehörigengruppen aus dem Bundesgebiet, die Pusche und Wolf 1989/90 an der Fachhochschule für Sozialwesen in Mannheim durchführten.[9]

Die Autorinnen wiesen nach, daß sich zwar insgesamt das Gefühl der *Belastung durch die Pflege,* vor allem bei Angehörigen dementer alter

---

[8] vgl. Birgit Janson und Ernst von Kardoff a. a. O. sowie Irene Steiner-Hummel: Partnerinnen im Pflegeprozeß. Angehörigenorientierung als Postulat. In: Häusliche Pflege, Heft 3, 1995, S. 187–189

[9] Gabriele Pusche, Manuela Wolf: Ort der Entlastung – die Gesprächsgruppe für pflegende Angehörige alter Menschen. Eine empirische Untersuchung der entlastenden Wirkung von angeleiteten Gesprächsgruppen und deren Bestimmungsgründe, Diplomarbeit, Fachhochschule für Sozialwesen, Mannheim 1990; eine Kurzfassung desselben Titels findet sich in der Zeitschrift Nachrichtendienst des Vereins für öffentliche und private Fürsorge, Heft 10, 1991, S. 345–350

Menschen, während der Teilnahme an Angehörigengruppen nur gering vermindert. Das *Gefühl der Entlastung durch die Gruppe* aber, das getrennt gemessen wurde, steigt deutlich. Dies drückt sich sowohl im veränderten Verhalten sowie in dem Gefühl Pflegender aus, die eigene Last besser tragen zu können. Auch das bloße Wissen um die Möglichkeit, die Pflege verändern zu können und der im Laufe der Zeit oft wachsenden Belastung nicht einfach ausgeliefert zu sein, hat stark entlastenden Charakter.

Von allen Belastungen, die Pflegende erleben und die einzeln erfragt wurden, vermindert sich, vor allem in gesprächsorientierten Gruppen, die psychische Belastung der Angehörigen am meisten. Auffallend ist dies auch bei Angehörigen, die einen dementen alten Menschen pflegen und deren Belastung im Laufe der Zeit insgesamt steigt.

Die erlebte Entlastung in der genannten Studie umfaßt drei Bereiche: das Gespräch miteinander, die Informationen und die Solidarität, die im folgenden näher ausgeführt werden.

Sich der Last entledigen oder: das Gespräch untereinander
Die tägliche Last kann vor ebenfalls kompetenten Menschen, die viele dieser Erfahrungen täglich selbst machen, benannt und ausgesprochen werden. Die eigene Belastung zu erkennen, kann natürlich zunächst auch ein schmerzlicher Prozeß sein. Es ist dann hilfreich zu erleben, wie andere Gruppenmitglieder mit ihrer Belastung umgehen. Dadurch kann sie besser getragen und ertragen werden. Wenn das, was belastet, nicht mehr nur als dumpf drückend erlebt wird, sondern in einzelnen Punkten differenziert werden kann, ist dies ein guter Boden, um Ansätze für Veränderung zu entwickeln oder die Bereitschaft, Neues aufzunehmen.

Die Perspektive möglicher Veränderungen oder:
die Information
Gut dosierte, überschaubare und verknüpfbare Informationen über entlastende Dienste in der Umgebung, Adressen, Buchtips, Pflegetips, Hinweise auf Pflegehilfen, -geräte und -material, Vorträge über die in den vorigen Kapiteln benannten Themen, Übungen zu bestimmten Pflegetechniken usw. sind das, was Pflegende aufnehmen.

Informationen bauen das Wissen um die Möglichkeit auf, daß die Pflege veränderbar ist, und lassen Hoffnung für eine Verbesserung der Situation aufkommen, auch wenn es meist ein längerer Weg ist, tiefgreifende Probleme zu lösen. In der obengenannten Studie wird deutlich, das *jeder mögliche Inhalt* ausschlaggebend für die Entlastung sein kann.

Solidarität erfahren und Distanz zur Pflege entwickeln oder:
die soziale Komponente
Kontakte innerhalb und außerhalb der Gruppe zu ermöglichen, ist eine
Stärke von Angehörigengruppen (vgl. Kapitel B.I.4). Manchmal entsteht dies eher nebenbei, kann aber auch absichtsvoll geplant sein. Gerade wenn es nicht nur immer um Probleme geht, sondern auch entspannende Aktivitäten (siehe Kapitel B.II.8.1.6) einen Platz haben, können die Teilnehmerinnen sich auch in anderen sozialen Rollen und nicht nur als Pflegende erleben.
Ältere Pflegende haben häufig nur noch wenige Außenkontakte und betonen die Geborgenheit in der Gruppe besonders. Gemeinsame Aktivitäten und positive Erlebnisse in der Gruppensitzung lassen Distanz zur Pflegesituation zu Hause entstehen.
Alle drei Entlastungsbereiche – das Gespräch untereinander, die Information und die Möglichkeit, Solidarität auf der einen und Distanz auf der anderen Seite zu entwickeln – sind in dieser Kombination nur in Angehörigengruppen zu finden. Zwar wird die Belastung durch die Pflege auch durch den Besuch von Angehörigengruppen – außer natürlich im psychischen Bereich – kaum vermindert; doch ist es auch ein Ergebnis von Angehörigengruppen, den Blick für eben diese Belastungen zu schärfen und sie ins Bewußtsein zu rufen. Kling und Faust-Jacobi stellten in einer qualitativen Studie zur Situation pflegender Ehepartner[10] fest, daß ihre Gesprächspartner, die schon einmal eine Angehörigengruppe besucht hatten, ihre eigene Belastung erheblich besser reflektieren konnten und zudem besser informiert waren als die anderen, die noch in keiner Gruppe waren.
In der Praxis zeigt sich, daß Umstellungen und Entscheidungen, die zu tiefgreifenden Änderungen der Pflegesituation führen können, viel Zeit brauchen und damit ein längerfristiges Angebot benötigen. Besonders wichtig ist dies, wenn tiefgreifende Beziehungsprobleme (vgl. Kapitel A.I.4) zwischen Pflegenden und Gepflegten die Hauptbelastung darstellen.
Die „normale" Angehörigengruppe, z. B. mit einer Sozialarbeiterin und einer Gemeindekrankenschwester in der Leitung, hat bei der Lösung dieser Probleme allerdings Grenzen. In schwerwiegenden Fällen sind therapeutische Zusatzangebote in nahegelegenen, möglichst der

---

[10] Annette Kling, Stephanie Faust-Jacobi: Zur Situation der pflegenden Ehepartner, Diplomarbeit, Fachhochschule für Sozialwesen, Mannheim 1990; eine Kurzfassung ist abgedruckt in der Zeitschrift Nachrichtendienst des Deutschen Vereins für öffentliche und private Fürsorge, Heft 10, 1991, S. 340–345

Leitung bekannten Beratungsstellen oder auch therapeutisch orientierte Gruppen ein adäquates Mittel.
Gegenüber der auf den individuellen Fall bezogenen Einzelberatung haben Gruppen in der Angehörigenarbeit den Vorteil, daß sie insofern emanzipatorisch wirken können, als Angehörige viele in der häuslichen Pflege auftretenden Probleme nicht mehr nur als individuelles Versagen, sondern gewissermaßen als kollektives Schicksal begreifen lernen und damit die Palette ihrer Bewältigungsmöglichkeiten wächst. Wenn es normal ist, daß Mutter und Tochter ihre Beziehung in der Pflege neu definieren müssen, daß Frauen immer das Gefühl haben, noch mehr tun zu müssen, weil chronische Erkrankung alter Menschen mit unbegrenztem Bedarf an Fürsorge gekoppelt zu sein scheint, dann müssen die Ursachen nicht immer nur bei der handelnden Person gesucht werden.
Unserer Meinung nach ist die Bedeutung von Angehörigengruppen und Angehörigenarbeit gar nicht hoch genug einzuschätzen, auch wenn im Verhältnis zu ihrer absoluten Zahl nur ein kleiner Teil der Angehörigen daran teilgenommen hat und teilnehmen wird:
Seit Beginn der 80er Jahre ist eine Lobby entstanden, die zusammen mit Forschungen und Veröffentlichungen dazu beigetragen hat, daß Angehörige im Pflegeversicherungsgesetz stark berücksichtigt wurden und ihre Lebenssituation in der Öffentlichkeit selbstverständlicher thematisiert wird – selbst in der Regenbogenpresse ist häusliche Pflege häufig Thema: Was 1988 noch wie eine unerreichbare Utopie erschien, ist heute längst Wirklichkeit geworden[11].
Dennoch bleibt viel zu tun, um jedem einzelnen Menschen, der in eine Pflegesituation kommt, sei es als Pflegender oder Gepflegter, persönliche Perspektiven und Auswege aus individuell erlebter Verzweiflung zu ermöglichen.
Der große Wert von Angehörigengruppen liegt nun weiterhin darin, Pflegenden und Gepflegten ihr Dilemma deutlich zu machen, zum anderen aber auch Ansätze zur Veränderung aufzuzeigen und damit neue Hoffnungen zu wecken. Auf Dauer können diese Hoffnungen nur eingelöst werden, wenn weit mehr selbstverständliche Unterstützungsmöglichkeiten entstehen und Pflege alter Menschen als gesamtgesellschaftliche und nicht nur als persönliche Aufgabe begriffen wird.

---

[11] s. Astrid Hedtke-Becker: Pflegebedürftige alte Menschen in der Familie. Geschichte – Situationen – Perspektiven. Deutsche Krankenpflegezeitschrift, Heft 8, 1988, S. 572–575

II. Umsetzung in die Praxis

Wenn man an die Gründung von Gruppen, Gesprächskreisen, Kursen oder anderen Angeboten geht, sind umfangreiche Überlegungen und Vorbereitungen unabdingbar, um ein Gelingen zu gewährleisten. Natürlich gibt es keine Garantie, daß das erarbeitete Konzept auf Dauer Bestand hat. Aber das ist schon Teil einer gelungenen Planung: Konzepte sollen so flexibel gestaltet sein, daß sie an die Bedürfnisse von Angehörigen angepaßt werden können und nicht umgekehrt. Dazu ist es notwendig, daß schon im Vorfeld die Ziele und Absichten von Träger und Leitung geklärt werden.

1. Klärung der Ziele und Absichten von Träger und Leitung

Viele Angehörigengruppen entstehen auf Initiative von Betroffenen selbst, aber vor allem auf Betreiben von engagierten Mitarbeiterinnen von ambulanten Diensten, Familienbildungsstätten, Pflegekassen, Beratungsstellen oder Altenhilfereferaten der Wohlfahrtsverbände, Landkreise und Kommunen. Wie es bereits in der Caritas-Befragung, der Zusammenstellung des Kuratoriums Deutsche Altershilfe, der Mannheimer Untersuchung und auch auf Fortbildungsveranstaltungen für Leiterinnen von Angehörigengruppen und Kursen immer wieder deutlich wird, gibt es große Unterschiede in der Konzeption von Angehörigengruppen. Dies betrifft vor allem die Ziele und Absichten des Trägers, aus denen heraus ein bestimmtes Angebot entwickelt wird. Das hat auch Auswirkungen auf die Auswahl der Leitung, die wiederum ihre eigenen Ziele verfolgen mag.

Im Sinne eines Klärungsprozesses erscheint es wichtig, daß die beteiligten Verantwortlichen, vor allem die Gruppenleitung, sich bewußt machen, warum sie eine Angehörigengruppe initiieren und durchführen wollen und die Vorgaben von § 45 SGB XI eventuell erweitern wollen.

Im folgenden geben wir einige Beispiele für solche – manchmal nicht bewußten – Ziele und Absichten und die daraus entstehenden Konsequenzen.

Angehörige müssen in erster Linie einmal von zu Hause wegkommen und abschalten lernen, um wieder Kraft für den Alltag zu bekommen.
Die Gruppenleitung in diesem Beispiel legt großen Wert darauf, daß nicht nur Probleme im Mittelpunkt der Treffen stehen, sondern viel Raum ist für Geselligkeit, Entspannung und Anregungen zur Gestaltung der knapp bemessenen Freizeit.

In erster Linie brauchen pflegende Angehörige handfeste Informationen und Ratschläge. Der Veranstalter hat als Rahmen ein sechsteiliges Seminar konzipiert. Die Bemühungen der Gruppenleiterin in diesem Beispiel gelten der Suche nach informierten Referenten und Referentinnen und brauchbarem Informationsmaterial.

Die gravierendste Belastung in der häuslichen Pflegesituation sind die Beziehungsprobleme zwischen Pflegenden und Gepflegten, das ist ein langer Prozeß der Auseinandersetzung. Die nötigen Informationen dagegen sind schnell gegeben. Das Bemühen des Veranstalters in diesem Beispiel geht dahin, einen langfristig angelegten Prozeß der Auseinandersetzung zu ermöglichen. Die Gruppenleitung besteht aus einer Verhaltenstherapeutin und einer Sozialarbeiterin, die gemeinsam über einen längeren Zeitraum mit den Teilnehmerinnen an der Beziehungsthematik arbeiten.

Pflegende müssen aus ihrer Isolation geholt werden und in erster Linie andere Betroffene kennenlernen und sich mit ihnen austauschen. In dieser Angehörigengruppe versucht die Leitung vor allen anderen Dingen mit Hilfe gruppendynamischer Verfahren die Teilnehmerinnen untereinander zu verbinden.

Angehörige alterskranker Menschen brauchen vor allem konkrete Entlastung zu Hause durch Haushaltshilfe, stundenweise Vertretung und pflegerisch-praktische Hilfen. Der Träger dieser Angehörigengruppe sieht es als Aufgabe der Gruppenleitung, Pflegende und Ehrenamtliche zusammenzubringen sowie professionelle Dienste zu vermitteln und die Pflegenden Erfahrungen darüber austauschen zu lassen.

Beim Lesen dieser Beispiele wird sicher deutlich, daß *alle* Grundannahmen zugleich zutreffen können, daß aber Schwerpunkte gesetzt werden müssen. Sind die Veranstalter jedoch offen für Entwicklungen, können Bedürfnisse der Teilnehmerinnen stärker berücksichtigt und die vorgegebene Richtung verändert werden, was sich auch auf die Teilnahme auswirkt.

Beispiel:
Eine Leiterin berichtete, daß sie mehrere Wochen lang ein wöchentlich stattfindendes Seminar für Angehörige durchgeführt hatte mit dem Schwerpunkt Information und Gespräche über die eigene Lebenssituation. Nach einigen Monaten Pause wurde das Seminar auf Wunsch der Teilnehmerinnen als monatlich stattfindender Gesprächskreis weitergeführt. Beim ersten Treffen erschienen statt zwölf nur vier Teilnehmerinnen und Teilnehmer. In einem intensiven Austauschprozeß kamen sie zu dem Ergebnis, daß sie die Treffen zur Selbsterfahrung nutzen wollten. Der Leiterin kommt in Zukunft mehr die Aufgabe zu, die Rahmenbedingungen dafür zu schaffen und die Organisation weiterhin durchzuführen. Die inhaltliche Gestaltung

will anfangs eine Teilnehmerin übernehmen, die etliche Erfahrungen vorweisen kann.

In der Praxis sind wenig Schwierigkeiten mit den oben aufgeführten Grundannahmen zu erwarten, wenn genügend Offenheit für andere Bedürfnisse der Teilnehmerinnen da ist.

Für potentielle Veranstalter, die noch wenig Erfahrung mit Pflegenden selbst haben, erscheint es darum weiterhin wichtig, informierte Personen zu konsultieren oder an der Planung zu beteiligen. In der Caritas-Befragung wird deutlich, wie unterschiedlich die Schwerpunkte und Eigenarten der Angehörigengruppen vor Ort sind, so daß auch die in dieser Arbeitshilfe gegebenen Anregungen die Erstellung eines individuellen Konzeptes keineswegs überflüssig machen. Es gibt eben nicht *die* pflegenden Angehörigen. Wer mit Gruppen schon gearbeitet hat, wird festgestellt haben, daß neben persönlichen Eigenheiten jedes Gruppenmitgliedes auch jede Gruppe ihren eigenen „Geist" hat. Dieselben Menschen verhalten sich unter Umständen in anderen Gruppen ganz anders. Grundsätzlich bedeutet die Arbeit mit Gruppen in vielfacher Hinsicht auch für den Erfahrenen immer wieder ein Experiment. Ständig wird hinzugelernt, verläuft vieles neu und anders.

Als Beispiel drei Gruppenverläufe:
In L., einer kleineren Stadt, werden drei Gesprächskreise zur gleichen Zeit angeboten. Nach einer intensiven Öffentlichkeitsarbeit war ein großer Bedarf deutlich geworden. Für die Gruppen wurden von der örtlichen Sozialstation und dem Caritasverband ein flexibles Konzept erarbeitet: Es sollen acht Treffen stattfinden, die jeweils von einer Leiterin begleitet werden und keine fest vorgegebenen Themen haben. Die Bedürfnisse der Teilnehmerinnen sollen im Vordergrund stehen.

Die Gesprächskreise I und II werden von Frau Z., einer jungen, aber erfahrenen Sozialarbeiterin geleitet. Mit *Gruppe I* hat sie von Anfang an einen herzlichen Kontakt, die Gruppenmitglieder sind auch zueinander sehr offen. Die Themen ergeben sich im Gespräch und werden jeweils für das folgende Treffen festgelegt. Frau Z's. Kompetenz als Leiterin ergibt einen tragenden Rahmen, ohne daß sie sie besonders herausstellen muß.

Gruppe II dagegen besteht aus Teilnehmerinnen, die überwiegend zurückhaltend und vorsichtig in der Gruppe reagieren, obwohl sie im Einzelkontakt durchaus ihre Bedürfnisse deutlich machen können. Frau Z. ist als Leiterin immer wieder gefragt „... Sie sind doch hier die Leiterin..."; hinter dieser Feststellung können sich die Teilnehmerinnen ein Stück weit verstecken. Gruppe II wünscht sich feste Themen mit Referentinnen zu vorher festgelegten Terminen. Die Leiterin geht darauf ein, obwohl es ein großer zusätzlicher Aufwand ist. Es entsteht langsam Vertrauen zu ihr und untereinander. Zum Abschluß der acht Treffen wird ein gemütliches Beisammensein von den Teilnehmerinnen selbst vorbereitet.

Gruppe III leitet die Leiterin der Sozialstation, Frau S. Von ihr werden vor allem praktische Hilfe und Informationen zum Krankheitsverlauf erwartet. Ihre Funktion als Leiterin steht im Mittelpunkt der Gruppe. Langsam, aber stetig kann sie die Teilnehmerinnen davon überzeugen, daß sie nicht nur für die Patienten da sein will, sondern auch die Belastungen der Angehörigen erkennt. Beim letzten der acht Treffen kommt der Wunsch auf, psychosoziale Themen wie Beziehung, Belastung, Aggressionen eingehender zu besprechen. Im Einvernehmen mit den Teilnehmerinnen wird die Gruppe weitergehen. Frau Z., die junge Sozialarbeiterin, übernimmt die Co-Leitung, weil Frau S. sich mit solchen Themen allein überfordert fühlt.

An diesen Beispielen wird schon deutlich, wie stark Gruppenverläufe neben allen Unwägbarkeiten auch von der Kompetenz der jeweiligen Leitung geprägt sind. Diese besteht nicht nur darin, flexibel reagieren, sondern auch die eigenen Grenzen und Fähigkeiten realistisch einschätzen zu können. Da es in diesem Beispiel persönliche Kontakte zwischen den Gruppen gibt, ist es wichtig für die Leiterinnen, ihre unterschiedlichen Vorgehensweisen in den Gruppen deutlich zu machen, damit sich keiner benachteiligt fühlen muß.

2. Träger und Veranstalter

Nach der Veröffentlichung des Kuratoriums Deutsche Altershilfe waren die häufigsten Träger von Angehörigengruppen
der Caritasverband (Orts-, Kreis-, Bezirks-, Diözesancaritasverbände)
das Diakonische Werk / die Innere Mission
die Arbeiterwohlfahrt
das Deutsche Rote Kreuz
der Deutsche Paritätische Wohlfahrtsverband (jeweils durch ihre Untergliederungen oder Mitgliedsorganisationen)
Kommunen / Landratsämter.
Es folgten Familienbildungsstätten und Bildungshäuser in konfessioneller, öffentlicher und privater Trägerschaft, Volkshochschulen, Pfarrgemeinden, Beratungsstellen (z.B. für Ehe-, Familien- und Lebensfragen, spezielle Angehörigenberatungsstellen), Alzheimer Gesellschaften.
Aus der Caritas-Erhebung ergab sich, daß die meisten Gruppen von Mitarbeiterinnen von Sozialstationen veranstaltet wurden. Aber auch Träger- oder Veranstaltergemeinschaften kamen häufig vor: z.B. Sozialstation und Pfarrgemeinde, Sozialstation und Caritas-Konferenz, Caritasverband und ökumenische Sozialstation. Dabei wurde nicht nur gemeinsam die finanzielle Trägerschaft übernommen, viele Veranstalter arbeiteten auch, was Vorbereitung, Öffentlichkeitsarbeit und Ansprache von Teilnehmern angeht, gern mit weiteren Institutionen.

Ein Beispiel aus Hessen:
In Viernheim gab es einen Kurs für pflegende Angehörige unter Leitung einer Honorarkraft, der zu gleichen Teilen finanziell von der Seniorenberatung der Stadt und der örtlichen Volkshochschule getragen wird. Als Mitveranstalter traten zusätzlich die Johanniter-Unfallstation, die Caritas-Sozialstation, der Krankenhaussozialdienst des Caritas-Krankenhauses auf, die auch innerhalb ihrer Klientel für die Veranstaltungen warben und ein gemeinsames Pressegespräch durchführten.

Ein Beispiel aus Baden-Württemberg:
In Mannheim veranstaltete die Abendakademie ein sechsteiliges Seminar für Pflegende. Die AOK erstattete ihren Mitgliedern gegen Teilnahmebescheinigung die Kosten. Später übernahm sie für einen wöchentlich stattfindenden Gesprächskreis ein Semester lang das Referentenhonorar in voller Höhe, so daß das Angebot für die Teilnehmerinnen kostenlos war.

Seit Einführung der Pflegeversicherung ist es immer möglich, mit den Pflegekassen wegen der Finanzierung zu verhandeln. Allerdings ist zu beachten, daß die meisten Pflegekassen rein medizinisch-pflegerische Kurs-Konzepte bevorzugen und eher psycho-sozial orientierte Konzepte ablehnen.

Eine Mischform ist das bereits erwähnte und im Teil C vorgestellte Konzept des Bundesverbandes der AOK[12].

Unserer Ansicht nach darf die neue Finanzierungspraxis allerdings nicht dazu führen, daß nur noch ausschließlich medizinisch-pflegerisch orientierte Kurse angeboten werden. Aus diesem Grund ist es von großer Bedeutung, erst ein Konzept zu entwickeln – und dann an die Sicherstellung der Finanzierung zu gehen.

Sich Mitträger oder Mitveranstalter zu suchen, ist sinnvoll:
aus Kostengründen;
um eine kontinuierliche Arbeit zu gewährleisten;
um breitere Kreise von Angehörigen zu erreichen und
weil unterschiedliche Erfahrungen verschiedener Institutionen ein fundierteres Konzept ergeben können.

In der Caritas-Erhebung gab es einige Beispiele für Gruppen, die von Einzelinstitutionen angeboten wurden und nicht zustande kamen. Die Gründe dafür lassen sich nur vermuten, können aber einfach auf mangelnder Erfahrung in der Vorbereitung beruhen. Diese Erfahrung war auch in Viernheim im vorher erwähnten Beispiel gemacht worden. Als vor einigen Jahren die Volkshochschule einen Kurs zum Thema „Wenn Eltern älter werden" angeboten hatte, waren gerade zwei Inter-

---

[12] AOK-Bundesverband (Hrsg.): Damit Pflege nicht zur Last wird – Möglichkeit der Unterstützung für Pflegende. Handlungsempfehlung für die AOK-Praxis. Drucksache II 1(1) G/bl v. 22. 9. 1994

essentinnen gekommen, obwohl sogar ein Artikel dazu in der Zeitung gestanden hatte. Die jetzige Konzeption erreicht auch solche Angehörigen, die sich z. B. über Bildungsangebote nicht angesprochen fühlen. Nach den vorliegenden Daten und unserer Erfahrung läßt sich die Hypothese wagen, daß der Bekanntheitsgrad, die Zielsetzung und Wertvorstellung des Trägers entscheidend darüber mitbestimmen, welche Pflegenden sich angesprochen fühlen. Dabei ist sicher zu berücksichtigen, welche Entlastungsmöglichkeiten für Pflegende im Umkreis schon existieren und wieviel Öffentlichkeitsarbeit bereits gemacht worden ist.

3. Definition der Zielgruppe / Gewinnung von Teilnehmerinnen

Vor der Frage: Wie gewinne ich Teilnehmerinnen für eine geplante Gruppe, steht die Überlegung, ob eine bestimmte Zielgruppe von pflegenden Angehörigen angesprochen werden soll. Dies zu überlegen ist vor allem dann sinnvoll, wenn schon Erfahrungen mit Angehörigenarbeit bestehen oder aber von anderen Verbänden schon Gruppen angeboten werden.
Die Zielgruppen können sich u. a. ausrichten auf die Situation der Pflegenden oder den Krankheitszustand der zu Pflegenden.
Angehörigenorientierte Zielgruppen, z. B.
pflegende Frauen (Ehefrauen, Töchter, Schwiegertöchter); pflegende Männer (Ehemänner, Söhne);
pflegende Ehepartner;
Angehörige, die sich auf die Übernahme von Pflege vorbereiten wollen;
Angehörige, die mehrere Personen gleichzeitig betreuen;
ehemals Pflegende, die die Zeit der Pflege reflektieren wollen (nach Tod des Gepflegten oder Umzug in ein Heim o. ä.)
Patientenorientierte Zielgruppen, z. B.
Angehörige von Schlaganfallpatienten;
Angehörige von Alzheimer Kranken;
Angehörige von psychisch Kranken;
Angehörige von Parkinson-Patienten.
In den Ausführungen von Teil A wird deutlich, daß z. B. die Lebenssituation pflegender Töchter sich in vielen wesentlichen Punkten von der pflegender Ehefrauen unterscheidet. Um besser auf die besonderen Probleme einzelner Zielgruppen eingehen zu können, kann es unter Umständen sinnvoll sein, ein auf sie zugeschnittenes Angebot zu konzipieren. Unserer Erfahrung nach ist das Spektrum der Teilnehmerinnen und Teilnehmer von Angehörigengruppen oft so breit, daß sehr

lange Zeit dafür gebraucht wird, einen gemeinsamen Nenner zu finden. Wir möchten den Anstoß geben, über eine Differenzierung nachzudenken, vor allem, wenn Gruppenleiterinnen zur Verfügung stehen, die Erfahrung in der Arbeit mit Angehörigen und besonderes Interesse an Zielgruppenarbeit haben. In Richtung Selbsthilfegruppen ist dies sicherlich auch sinnvoll, denn wenn Probleme ähnlich gelagert sind, ist die Voraussetzung zum Weitermachen in eigener Regie größer. Am Beispiel der Angehörigen von Alzheimer Kranken läßt sich das beeindruckend nachvollziehen. (Vgl. Kapitel B.II.7.7)
Die häufigsten Zielgruppen innerhalb der Arbeit mit pflegenden Angehörigen waren (Caritas-Erhebung und KDA-Übersicht): Angehörige von Alzheimer Kranken, Angehörige von Schlaganfall / Aphasie-Patienten, pflegende Töchter, pflegende Ehefrauen.
Ist die Entscheidung gefallen, für wen das Angebot gedacht ist, geht es darum, die Teilnehmerinnen zu gewinnen. Diesem Teil der Vorbereitungen sollte man sich intensiv widmen und viel Zeit und Mühe darauf verwenden. Wie schon in der Einleitung deutlich wird, scheitern Angebote oft wegen der ungenügenden Vorbereitung.
Zur *Gewinnung von Teilnehmerinnen* gibt es eine breite Palette von Vorgehensweisen. Die gebräuchlichsten stellen wir im folgenden vor und überprüfen sie im Hinblick auf Aufwand und Effektivität. Die dazu angeführten Beispiele stammen aus der Befragung und eigener praktischer Erfahrung.
Artikel in der örtlichen Presse zur Ankündigung einer Gruppe sind das Medium, durch das Angehörige am ehesten aufmerksam werden und sich zur Teilnahme entschließen, vor allen Dingen dann, wenn darin die Lebenssituation pflegender Familien emotional ansprechend thematisiert wird. Im Landkreis Reutlingen startete die Altenhilfefachberatung eine ganze Artikelserie mit dem Ziel der Gründung von Angehörigengruppen, um nicht nur kurzzeitiges Interesse zu erwecken, sondern dieses wachzuhalten und längere Entscheidungsprozesse zu ermöglichen. Ein einmaliger Artikel mit Bekanntgabe eines Termines ist in der Regel niemals ausreichend!
Wir haben festgestellt, daß viele Angehörige keine Tageszeitung haben oder lesen, die wöchentlich erscheinenden Werbezeitschriften aber einen hohen Bekanntheitsgrad haben, ebenso Gemeindeblätter und Kirchenzeitungen. Deshalb kommen nicht nur Tageszeitungen infrage, sondern auch die kostenlosen Werbezeitschriften, örtliche Gemeindeblätter, Kirchenzeitungen / Pfarrbriefe und die Broschüren der Kranken- und Pflegekassen.
Um die örtliche Presse für ausführliche Berichte zu interessieren, bietet sich ein Pressegespräch an, in dem die Lebenssituation Pflegender

und das Ziel der Gruppe dargelegt werden. Günstig ist, wenn hierzu nicht nur die Gruppenleitung einlädt, sondern vor allem der Träger und der Veranstalter. Die Pressearbeit hat bei potentiellen Teilnehmerinnen, die dem Veranstalter noch unbekannt sind, die größte Wirkung und bietet darüberhinaus den Angehörigen die Möglichkeit, sich völlig freiwillig zur Teilnahme zu entschließen.

Zeitungsanzeigen, vor allem, wenn sie öfter erscheinen, ermöglichen einen großen Bekanntheitsgrad des Angebots. In manchen Zeitungen werden für gemeinnützige Einrichtungen und Vereine regelmäßige Rubriken kostenlos eingerichtet. Dies bietet sich vor allem dann an, wenn eine offene Gruppe (siehe Kapitel B.II.7.5), die über einen längeren Zeitraum stattfinden soll, angeboten wird.

Mund-zu-Mund-Propaganda ist eine wirkungsvolle Art der Werbung, wenn möglichst viele Personen, die häufig mit Pflegenden Kontakt haben, über das geplante Angebot informiert sind und es sich so verbreiten kann.

Persönliche Ansprache Pflegender durch Mitarbeiterinnen von ambulanten Diensten / Nachbarschaftshilfen kann sehr hilfreich sein, weil viele belastete Pflegende kaum Zeit haben, sich über Zeitungen zu informieren. Dies hat den Vorteil, daß ganz gezielt diejenigen angesprochen werden können, für die eine Gruppe auch von der Persönlichkeit her infrage kommt. Gelingen kann das Vorhaben nur, wenn die Mitarbeiterinnen ausreichend über das Angebot informiert und vor allem auch von seiner Wirksamkeit überzeugt sind. Es hat wenig Sinn, wenn eine Gemeindekrankenschwester einer pflegenden Frau einen Zettel in die Hand drückt mit den Worten: „Gehen Sie mal hin, das ist was für Sie", ohne erklären zu können, warum und auf Rückfragen zu antworten. Der Nachteil der persönlichen Ansprache kann sein, daß Pflegende sich eventuell genötigt fühlen und „der Schwester zuliebe" die Gruppe aufsuchen.

Persönliche schriftliche Einladungen können die mündliche Information ergänzen oder auch noch einmal an den Termin erinnern und eine gewisse Verbindlichkeit herstellen. Auch andere, den Veranstaltern bekannte Pflegende können so erreicht werden. Mit dieser Art der Teilnehmerinnengewinnung haben vor allem Sozialstationen und Pfarrgemeinden gute Erfahrungen gemacht.

Die meisten Gruppen, die in größeren Abständen stattfinden, z. B. einmal im Monat, laden zu jedem Treffen nochmals schriftlich ein, zur persönlichen Erinnerung und um das Wiederkommen leichter zu machen, wenn man beim letzten Mal verhindert war.

Plakate und Aushänge an markanten Stellen, in Arztpraxen, Behörden, Apotheken, den inneren Stationen von Krankenhäusern, in Lebensmittelgeschäften, also überall da, wo Pflegende anzutreffen sind, können eine gelungene Werbung vervollständigen. Um Kosten zu sparen, bietet sich ein Plakat an, das auch für Einzelveranstaltungen genutzt werden kann. Viele Träger haben solche Blanko-Plakate, in dem der Name der Institution, das Emblem o. ä. eingedruckt sind.

Die Werbung mit *Handzetteln* bietet sich da an, wo sie eine mündliche Information ergänzen können. Wir haben selten erlebt, daß jemand aufgrund eines Handzettels den Weg in eine Gruppe gefunden hat. Unserer Erfahrung nach sind Handzettel eher Informationsangebote für andere Institutionen als für Betroffene selbst. (Wie schon erwähnt, werden sie vermutlich mit den lästigen Reklameschriften assoziiert, die gleich im Papierkorb landen.) Sie haben aber da eine Berechtigung, wo sie nach einem persönlichen Gespräch weitergegeben werden und nicht einfach herumliegen und zum „einmaligen Gebrauch" mitgenommen werden. In Wattenscheid gelang es den Veranstaltern, alle Apotheken am Ort für die Arbeit zu interessieren, dort hatte die Handzettelaktion dann großen Erfolg. Auch da, wo niedergelassene Ärzte sich für die Mitarbeit bei der Werbung gewinnen lassen und entsprechend überzeugt sind, können die Handzettel fast die Wirkung eines Rezepts erreichen.

Ankündigung im Gottesdienst: Innerhalb von Kirchengemeinden hat es großen Erfolg, wenn ein Gottesdienst „Pflege in der Familie" zum Thema hat und der Pfarrer in der Predigt die Situation pflegender Angehöriger vermittelt mit dem Hinweis auf das geplante Angebot. Das heißt natürlich, daß der Pfarrer entsprechend informiert und interessiert werden muß. In manchen Gemeinden ließ er sich auch in die Planung einbeziehen und sprach Pflegende persönlich an.

Informations-Veranstaltungen zur Vorstellung des geplanten Angebots oder einer schon bestehenden Gruppe in Gemeinde, Stadtteil oder Pfarrgemeinde schaffen – gerade bei längerfristig angelegten Angeboten – einen hohen Bekanntheitsgrad und erleichtern die Mund-zu-Mund-Propaganda. Dazu bieten sich Vorträge oder kleine Referate an, in denen auch (potentielle) Gruppenmitglieder zu Wort kommen können. Solche Info-Veranstaltungen können auch in gemeindlichen Gruppen durchgeführt werden, z. B. bei den Frauenverbänden, auf Seniorennachmittagen, also in Gruppen, in denen mit Sicherheit Menschen erreicht werden, die ihre Angehörigen pflegen (werden), eventuell auch indirekt durch Weitersagen.

Information anderer Institutionen: Bei längerfristigen Angeboten empfiehlt es sich, andere Institutionen über das Angebot zu informieren, wenn sie nicht selbst Mitveranstalter sind. Zu nennen sind hier neben den Sozialstationen die Krankenhaussozialdienste, die schon erwähnten niedergelassenen Ärzte, die Sozialämter und Beratungsstellen.

Auch originelle Ideen zur Gewinnung von Teilnehmerinnen bringen Erfolg: Das Referat Altenhilfe des Caritasverbandes Wattenscheid organisierte eine Sparkassen-Wanderausstellung zum Thema „Pflege in der Familie", und eine Sozialstation in Viersen warb auf ihrem „Tag der offenen Tür" für die neue Gruppe.

Die vorgestellten Werbemethoden finden selten alle gleichzeitig Anwendung. Es hat sich aber herausgestellt, daß eine gut geplante Öffentlichkeitsarbeit schon den halben Erfolg eines Gruppenangebots ausmachen kann. Es sollten weder Zeit noch Mühe gescheut werden, gut zu werben, um Pflegende aus ihrem Schneckenhaus herauszuholen. Nach dem Stand der heutigen Erkenntnisse kann man es nicht mehr ohne weiteres gelten lassen, wenn ein Träger sagt: „Wir wollten eine Gruppe anbieten, aber es bestand kein Interesse." In diesem Fall ist zunächst immer die Qualität der Öffentlichkeitsarbeit zu befragen.

Das folgende Schaubild soll die Werbemöglichkeiten nochmals auf einen Blick verdeutlichen.

Gewinnung von Teilnehmerinnen

Zeitungsartikel in:
Tagespresse   Gemeindeblatt   kostenlosen Wochenblättern
Kirchenzeitung   Zeitungsanzeigen
Kranken- / Pflegekassenbroschüren

persönliche Einladung mündlich oder schriftlich

Informationen anderer Institutionen

Vorstellung der Gruppe bei:

Plakate, Aushänge, Handzettel, Broschüren bei:

Info-Veranstaltungen	niedergelassenen Ärzte	Apotheken
Vorträgen in gemeindlichen Gruppen	Inneren Stationen der Krankenhäuser	Kirche / Gemeindehaus
Seniorennachmittagen	Rathaus / Sozialamt	Läden
Verkündigung von der Kanzel	Sparkasse	

4. Organisatorische Rahmenbedingungen

Bei der Auswertung der Caritas-Befragung wurde deutlich, daß die Bedingungen, unter denen Angehörige sich treffen können, eine nicht zu unterschätzende Rolle spielen, vor allem für die Motivation zur Teilnahme, wie auch die Mannheimer Untersuchung nachweist.
Mit Rahmenbedingungen sind im folgenden gemeint: Zeitliche Bedingungen, Ort, Fahrdienste, Fahrgemeinschaften, Vertretung für die Pflegeperson während ihrer Abwesenheit, Ausstattung der Räume, Bewirtung, persönliche Einladung zu den Treffen.

Zeitliche Bedingungen

Wichtig für die Planung eines Gesprächsangebotes ist die Wahl der *Uhrzeit*. Als günstig haben sich aufgrund des pflegeintensiven Vormittags der Nachmittag und Abend herausgestellt. Nach der Caritas-Befragung begann die früheste Gruppe um 14.00 und die späteste um 20.00 Uhr. Häufige Zeiten sind 16.30 bis 18.30 / 16.00 bis 18.00, 15.00 bis 17.00, 19.30 bis 21.30 Uhr.

Auch der *Wochentag* spielt offenbar eine Rolle. So ist das Wochenende weniger geeignet, weil da noch am ehesten Freizeit in anderer Weise erlebt werden kann.

> Beispiel:
> Um im Mannheimer Stadtteil Vogelstang herauszufinden, welche Zeiten und Tage von den Angehörigen angenommen werden, bot der „Verein für Kranken- und Altenpflege" zwei verschiedene Termine für ein sechsteiliges Seminar an: Mittwochabend 19.00 bis 21.30 Uhr und Samstagnachmittag 15.30 bis 18.00 Uhr. Zur großen Überraschung des Vereins wurden beide Seminare voll belegt, wobei der Samstagnachmittag nicht ganz so beliebt war.

Die *Dauer* der einzelnen Sitzungen beträgt in den meisten Fällen eineinhalb bis zwei Stunden. Zwei Stunden haben sich auch bei den meisten Anbietern eingependelt, die anfangs eineinhalb vorgesehen hatten. Diese Zeit ist für Angehörige noch gut einplanbar. Ein intensives gemeinsames Gespräch benötigt einfach eine gewisse Anwärmphase und auch einen Ausklang, was in zwei Stunden besser gewährleistet ist als in nur einer bis eineinhalb.

Der zeitliche Abstand ist sehr unterschiedlich und richtet sich nach der Art des Angebots (vgl. Kapitel B.II.7). Wöchentliche Sitzungen bieten sich vor allem für zeitlich befristete Seminare oder Kurse von vier bis acht vorher festgelegten Terminen an. Für eine solche überschaubare Zeit können Angehörige ihre regelmäßige Abwesenheit meist sehr gut organisieren.

Sich über längere Zeit wöchentlich zu treffen, ist nur in wenigen Fällen möglich und wünschenswert. 14-tägige Abstände sind für längerfristige Gruppen wie Gesprächskreise oder therapeutische Gruppen geeignet. Monatliche Abstände behindern emotionale Bewegungen in der Gruppe und bringen vieles in Vergessenheit. Sie sind dagegen gut geeignet für langfristige Angebote, in denen Information / Referate einen höheren Stellenwert haben als Begegnung und Gespräch. Ein „Gruppengefühl" entsteht nicht so schnell, dafür sind Berührungsängste nicht so stark. Sie kommen infrage zur Weiterführung von Kursen oder Seminaren, die in wöchentlichen Abständen vorausgingen, um gemeinsame Gespräche und Prozesse fortzuführen. Vertrautheit und Nähe sind hier meistens schon entstanden. Noch größere Abstände (z. B. alle sechs oder acht Wochen) halten wir nur unter den oben genannten Voraussetzungen für sinnvoll, weil ansonsten die Entlastungsmöglichkeiten zu gering sind. Sie bieten sich eventuell an als Ablösungsphase nach Treffen in kürzeren Abständen, um weiterhin Ansprechpartnerinnen zu haben.

Ort

Beliebte Veranstaltungsorte sind bei den Caritasverbänden Gemeindezentren, Sozialstationen, Seniorenbegegnungsstätten, Familienbildungsstätten, aber auch geeignete Räume in Alten- und Pflegeheimen. Gerade in ländlichen Gebieten ist es von großer Bedeutung, an welchem Ort die Gespräche stattfinden sollen, da die Wege von einem Ortsteil zum anderen oder in die nächst größere Stadt oft weit sind. Bus oder Bahn sind selten vorhanden, dadurch verlängert sich die Zeit der Abwesenheit wesentlich. Es ist davon auszugehen, daß viele Teilnehmerinnen keine Autofahrerinnen sind oder kein eigenes Auto haben. Auch Radfahren ist nicht überall verbreitet oder möglich. Der Ort, an dem das Angebot stattfinden soll, beeinflußt also schon bei der Ausschreibung die Teilnehmerinnen, ob sie den Weg auf sich nehmen wollen oder nicht.

Beispiel:
In Viernheim, Hessen, fand neunmal in wöchentlichen Abständen ein Seminar in dem kleinen, ungemütlichen und dunklen Lehr-Pavillion der Volkshochschule statt, der verkehrsungünstig in einem abgelegenen Wohngebiet liegt. Als es um die Fortführung der Gruppe ging, konnte die Gruppenleiterin für die von da an monatlichen Treffen den Clubraum der städtischen Seniorenbegegnungsstätte belegen. Einige der Gruppenteilnehmerinnen waren hocherfreut. Sie kennen die Räume gut und kämen nun noch lieber – erstens sei die Seniorenbegegnungsstätte zentral gelegen und die Verkehrsverbindungen sehr gut, zweitens seien die Räume sehr gemütlich, drittens könne man auch einen Kaffee bekommen – und nach dem Treffen sich auch noch länger dort aufhalten. Im Nachhinein stellte sich heraus, daß etliche Teilnehmerinnen wegen der schlechten Lage des Pavillions die Gruppensitzungen schon mal hatten ausfallen lassen müssen – bei Regenwetter oder wenn Ehemann oder Kinder als Chauffeur nicht zur Verfügung standen.

In der Caritas-Befragung waren denn auch von den Trägern angebotene *Fahrdienste* und besonders (selbst organisierte) *Fahrgemeinschaften* ein wichtiger Faktor für das Zustandekommen von Angehörigengruppen, vor allem in ländlichen Gebieten. Schon bei der Ausschreibung sollte die Möglichkeit erwähnt werden. Bei der Anmeldung oder auch bei den ersten Treffen läßt sich das dann in der Regel organisieren. Die Möglichkeit *der Betreuung des Pflegebedürftigen* während der Abwesenheit der Pflegeperson wird von vielen Veranstaltern im Bereich der Caritas angeboten, z. B. durch Zivildienstleistende der Sozialstationen oder Mobilen Sozialen Hilfsdienste (MSHD), durch Ehrenamtliche der Nachbarschaftshilfe o. ä. Organisationen. In den meisten Fällen organisieren die Pflegenden die Betreuung jedoch selbst innerhalb ihrer Familie oder Nachbarschaft. Der Kreis-Caritasverband Kitzingen bemerkt dazu, daß es bei ihnen bisher wenig Probleme gab, zu den Gesprächsabenden zu kommen. Das Anliegen sei den Angehörigen so wichtig, daß sich immer Betreuungspersonen innerhalb des familiären Umfeldes gefunden hätten.

Mitbedacht werden muß hier auch, daß die Angehörigen ihren pflegebedürftigen alten Menschen nicht ohne weiteres fremde Betreuungspersonen zumuten möchten. So kann es ausreichend sein, in der Ausschreibung auf die Möglichkeit der Betreuung des Pflegebedürftigen hinzuweisen und dies dann im Einzelfall zu organisieren. Andererseits kann hier eine Basis geschaffen werden, um den gepflegten Menschen an eine fremde Person zu gewöhnen und damit grundsätzlich auf die stundenweise Entlastung der Pflegenden vorzubereiten.

Die *Ausstattung der Räumlichkeiten,* in denen die Treffen stattfinden sollen, hat eine Bedeutung. Grundsätzlich ist zu sagen, daß natürlich ein gemütlicher, ansprechender Raum mit bequemen Sitzgelegenheiten vorzuziehen ist. Andererseits haben wir auch unter ungünstigeren Bedingungen schon intensive Gespräche erlebt, wo die Kargheit und Kühle des Raumes die Wärme und Geborgenheit, die die Gruppe sich gab, nicht gestört, sondern vielleicht sogar gefördert hat.

Einige Veranstalter betonen die Wichtigkeit, daß die Pflegenden die Möglichkeit haben, am *Veranstaltungsort telefonisch erreichbar* zu sein oder auch selbst kurz zu Hause anzurufen. Viele regeln dies inzwischen mit Mobiltelefon. Dieses möchten wir nicht allgemein empfehlen, weil es ein wichtiger Bestandteil der Entlastung durch die Gruppe ist, eine Zeitlang ungestört zu sein und von zu Hause abzuschalten – eventuell also bitten, Anrufe nur in der Pause zu führen oder entgegenzunehmen.

Um eine gemütliche Atmosphäre zu schaffen, bieten viele Veranstalter den Teilnehmerinnen *Erfrischungen* wie Kaffee und Kuchen, kalte Getränke u. ä. an. Dagegen ist nichts einzuwenden, solange daraus nicht ein Kaffeekränzchen wird in dem Sinne, daß Kaffee und Kuchen im Mittelpunkt stehen und das gemeinsame Gespräch an der Oberfläche bleibt. Wenn der persönliche Kontakt in der Gruppe eher zu locker ist, sagen Angehörige schnell, daß „es nichts bringt", Kaffee trinken könne man auch zu Hause. Andererseits kann es sehr entspannend sein, nach der offiziellen Gruppe noch ein paar Minuten bei einer Tasse Tee oder einem Glas Saft zusammenzustehen, bevor man sich auf den Nachhauseweg begibt. Vor allem bei den abendlichen Treffen ist dies ein Puffer zwischen den angesprochenen Problemen und dem Zubettgehen, ein Ausklang gewissermaßen.

Persönliche Einladung zu den Treffen: Bei mehr als einwöchigen Abständen, vor allem aber bei monatlichen Treffen und nach größeren Abständen hat es sich bewährt, wenn die Gruppenteilnehmerinnen jeweils eine persönliche Einladung zur Erinnerung erhalten. Das verringert die Schwelle zur weiteren Teilnahme, wenn man das letzte Mal verhindert war, und betont die Verbindlichkeit des Angebots. Manche Veranstalter machen dies mit persönlich gehaltenen Einladungsschreiben, in manchen Gruppen rufen sich die Teilnehmerinnen nach dem System der Telefonkette nacheinander an.

5. Kosten und Finanzierung

Was für Kosten kommen auf die Veranstalter zu, wenn sie eine Angehörigengruppe gründen und durchführen wollen? Die entstehenden Sach- und Personalkosten richten sich nach der Dauer eines Angebotes, dem Umfang der Öffentlichkeitsarbeit, den Nebenkosten, ob eine Gruppenleiterin von außen geholt wird, ob Referentenkosten entstehen usw.

Nachfolgend eine Zusammenstellung entstehender Kosten, wie sie aus der Caritas-Befragung hervorgeht:
Honorar für Leiterinnen und Fremdreferenten; Fahrtkosten;
Raummiete;
Kaffee, Tee, Gebäck;
Raumschmuck;
Auslagen für Porto (Drucksachen, Einladungsschreiben);
Telefonkosten (z. B. wenn der benutzte Raum für die Gepflegten telefonisch erreichbar sein soll, Anrufe zur Einladung für Treffen);
Druckkosten für Handzettel / Plakate;
Kopierkosten für Informationsmaterial;
Entlastungsdienste für Pflegende (in Donaueschingen z. B. zahlt der Caritasverband dieser Vertretung während der Dauer des Gesprächskreises eine Aufwandsentschädigung, die Familien beteiligen sich im Rahmen ihrer Möglichkeiten).

Beispielhaft führen wir zwei Kostenrechnungen auf:

Beispiel 1
Caritas-Verband F.
8 Abende à 2 Std.
1 040,– DM Honorar
400,– DM Sachkosten
(Getränke, Porto, Kopien)
150,– DM Programm-Druckkosten
100,– DM Aufwandsentschädigung
1 690,– DM
Gesamtkosten, pro Abend ca. 210,– DM

Beispiel 2
Caritas-Sozialstation S.
fortlaufendes Angebot
100,– DM Honorar-Kosten
für Co-Leiterin
20,– DM Kaffee, Gebäck
20,– DM Porto, Telefon
140,– DM pro Abend

Die Kosten reduzieren sich, wenn die Gruppenleitung aus den eigenen Reihen kommt, z. B. eine Mitarbeiterin der Sozialstation. Aber es hat sich herausgestellt, daß die Übernahme einer Gruppe oft eine zusätzliche Belastung ist, da ja eine entsprechende Vorbereitung notwendig ist und die Gruppenarbeit auch seelisch verkraftet werden muß. So sparen die meisten Träger nicht am Honorar, sondern suchen sich eine Honorarkraft, zumindest als Co-Leiterin (darüber Näheres in Kapitel B.II.6). Die Kosten für Raummiete fallen oft weg, wenn es einen geeigneten Raum beim Veranstalter selbst gibt. Auch andere Kosten sind variabel und entstehen selten gleichzeitig.

Durch die teilweise erhobenen Teilnahmebeiträge können Kosten verringert, eventuell gedeckt werden. Dies ist häufig bei Bildungseinrichtungen üblich. Der Betrag pro Abend beträgt dann ca. 5,– bis 10,– DM. Wenn, wie bereits erwähnt, Kurse nach § 45 SGB XI angeboten werden sollen, können die Kosten über die Pflegekassen refinanziert werden. Die Pflegekassen haben hier allerdings eine sehr unterschiedliche Finanzierungspraxis. Manche geben feste Zuschüsse, andere rechnen nach Aufwand ab, andere wiederum haben Verträge mit nur einem Anbieter und finanzieren weitere Angebote nicht. Es ist in diesem Fall dann darauf zu achten, daß das eigene Angebot andere Schwerpunkte hat. Nähere Informationen zur Finanzierung von Pflegekursen nach § 45 SGB XI finden Sie im „Handbuch für ambulante Pflegedienste"[13], erläutert auch im Teil C (Anhang).

---

[13] Astrid Hedtke-Becker: Stichwort Pflegekurse. In: Elisabeth Beikirch u. a. (Hrsg.): Handbuch für ambulante Pflegedienste, Lambertus-Verlag, Freiburg, 2. Ergänzungslieferung 1996, S. 1–5 und Astrid Hedtke-Becker: Thema Pflegende Angehörige. In: Elisabeth Beikirch u. a. (Hrsg.): Lambertus-Verlag, Freiburg, 2. Ergänzungslieferung 1996, S. 12–13

Auch die Möglichkeit, um Spenden zu bitten, kann in Erwägung gezogen werden. Wir haben die Erfahrung gemacht, daß Teilnehmerinnen für Beratung und Hilfestellung gern einen Beitrag zahlen, vor allem, wenn der Aufwand offensichtlich ist, z. B. bei hinzugezogenen Referentinnen. Es kann auch angenehmer sein, für etwas bezahlen zu können, als „in Schuld" zu stehen. Dieses läßt sich vor allem bei älteren Teilnehmerinnen beobachten. Auch der Spruch „was nichts kostet, ist nichts" mag in manchen Köpfen herumgeistern und sogar ein Hinderungsgrund für die Teilnahme sein. Auch wenn Pflegende es schwer haben: Ein „Sozialfall", der zur Last fällt, sind sie deswegen noch lange nicht und wollen auch nicht so behandelt werden.
Dem steht die allseits bekannte, mangelnde finanzielle Absicherung pflegender Frauen entgegen. Von daher gesehen haben auch kostenlose Angebote ihre Berechtigung und werden von einigen Anbietern wie Sozialstationen und Pfarrgemeinden eher erwartet.
Zu bedenken geben möchten wir, daß mit den eingesparten 5,– bis 10,– DM pro Abend Pflegende an ihrer Situation nicht viel verändern können, aber durch kompetente Leitung und informierte Referentinnen Bedürftige bald Pflegegeld, Wohngeld oder ähnliche Beihilfen zu beantragen wagen.

6. Leitung der Gruppe

Im folgenden beschäftigen wir uns mit den beruflichen Voraussetzungen, die für die Leitung einer Angehörigengruppe günstig sind, sowie mit den allgemeinen Voraussetzungen und den Qualifikationen, über die eine kompetente Gruppenleitung möglichst verfügen sollte. Den Schluß bilden Vorschläge zur Anleitung und Begleitung von Leiterinnen sowie Möglichkeiten der Zusammenarbeit mit Vertreterinnen anderer Fachgebiete.

6.1 Berufliche Voraussetzungen der Leiterinnen

Nach unseren Erfahrungen sind unterschiedliche (Berufs)Gruppen aus dem sozialen Bereich mit der Gruppenleitung befaßt:
Leiterinnen / Pflege-Mitarbeiterinnen von Sozialstationen und ambulanten Diensten
Sozialarbeiterinnen / -pädagoginnen, auch von Beratungs- und Koordinationsstellen
Psychologinnen
Diplom-Pädagoginnen
ehrenamtliche Mitarbeiterinnen.

Aber auch eine Soziologin, eine Ärztin mit Zusatzausbildung, Altenpflegerinnen, Pastoralreferentinnen u. v. a. m. wurden als Gruppenleitung in der Caritas-Befragung genannt. Im Hinblick auf das für Angehörige im Vordergrund stehende Informationsbedürfnis erscheint es ratsam, daß eine Person, die über viele Informationen verfügt, mitwirkt.

6.2 Leitung im Team

Zu empfehlen ist – wenn organisatorisch und finanziell machbar –, zwei Leitungspersonen einzusetzen, möglichst aus unterschiedlichen Berufsgruppen. Bewährt hat sich z. B. die Konstellation Sozialarbeiterin / Gemeindekrankenschwester; Sozialarbeiterin / Psychologin; Gemeindekrankenschwester / Psychologin.

Die Zugehörigkeit zu verschiedenen Berufsgruppen mit ihrer jeweiligen Sichtweise und den unterschiedlichen Erfahrungen sind eine Bereicherung für jede Gruppe. Unterschiedliche Problembereiche können viel umfassender behandelt werden. Die Leiterin der Sozialstation z. B. wird eher auch die Sichtweise des Pflegebedürftigen miteinbringen sowie praktische Hilfen geben. Die Sozialarbeiterin weiß über rechtliche und finanzielle Möglichkeiten meist besser Bescheid, die Psychologin versteht sich auf therapeutisch orientierte Techniken. Daß das im Einzelfall anders sein kann, machen die vielen verschiedenen Konstellationen deutlich, die denkbar sind. Es spielt natürlich auch eine große Rolle, welche persönlichen Interessen die jeweiligen Leiterinnen haben. Das Leitungsteam ist aber nicht nur deswegen vorzuziehen. Die Vorteile der gemeinsamen Leitung liegen für die Angehörigen weiterhin darin, daß sie zwei, in der Regel unterschiedliche, Ansprechpartnerinnen haben, die sich im Krankheitsfall auch gegenseitig vertreten, so daß mehr Kontinuität zu erwarten ist.

Für die Leiterinnen selbst sind die Vorteile ebenfalls groß: Man kann gemeinsam vorbereiten, auswerten und die Probleme, die sich während der Gruppensitzung ergeben, miteinander besprechen. Vier Augen sehen mehr als zwei, das gilt besonders für das emotionale Gruppengeschehen. Auch ist die Belastung, der vor allem in der Angehörigenarbeit unerfahrene Leiterinnen ausgesetzt sind, besser zu verkraften.

Bewährt hat sich auch, eine erfahrene und eine weniger erfahrene Leiterin (als Co-Leiterin) einzusetzen. Auf diese Weise ist auch eine Qualifizierung möglich.

6.3 Allgemeine Voraussetzungen

Entscheidender als die beruflichen Voraussetzungen sind aber persönliche Eignung, Interesse am Thema und die Bereitschaft dazuzulernen. Zum einen ist der Ausgangspunkt für die Gruppenleitung das *Expertentum der pflegenden Angehörigen* im Umgang mit ihren pflegebedürftigen alten Menschen. Die Gruppenmitglieder bleiben autonom, jedes entscheidet für sich selbst. Die Leitung soll keine Belastungen abnehmen oder Probleme stellvertretend lösen, auch keine Ratschläge erteilen, sondern lediglich Angebote machen, um jeder Teilnehmerin einen eigenen Entscheidungsprozeß zu ermöglichen.

Zum anderen besteht eine der wesentlichen Aufgaben für die Gruppenleiterin in der *Gesprächsleitung:* Sie soll den Erfahrungsaustausch zwischen den Teilnehmerinnen organisieren und in Gang bringen können, die einzelnen Beiträge ordnen, Gemeinsamkeiten und Unterschiede herausarbeiten sowie bei langatmigen Monologen einzelner oder sprunghaftem Themenwechsel helfend eingreifen können. Ihr obliegt es, vorgetragene Probleme in ihrer Struktur zu verdeutlichen und die Fähigkeiten der Teilnehmerinnen durch neue, passende Informationen zu stärken sowie die Entwicklung der Gruppe im Auge zu behalten.

Der Eindruck mag entstehen, als ob die „perfekte Gruppenleiterin" gebastelt werden sollte. Natürlich gibt es keinen Menschen, der immer alle Bedürfnisse von Teilnehmerinnen verstehen kann, keine Fehler macht und den Verlauf einer Gruppe völlig in der Hand hat. Eine gute Gruppenleiterin muß allerdings bereit und interessiert sein, ständig dazuzulernen und sich um ein großes Maß an *Einfühlungsvermögen* in die individuelle Situation der Teilnehmerinnen zu bemühen. Auch die Fähigkeit zur *Kooperation* und *Organisation* (z. B. bei Zusammenarbeit mit anderen Institutionen, bei der Gestaltung von Festen, Darstellung der Gruppe nach außen, Einbeziehung von Referentinnen) muß vorhanden sein.

Qualifikation der Leitung

Es geht nicht einfach um das Beherrschen von Techniken, sondern im wesentlichen darum, sich als Mensch auf die Probleme und Fähigkeiten anderer Menschen einzulassen. Doch ein fundiertes „Handwerkszeug" im Sinne von Qualifikationen ist dabei dringend anzuraten. Vieles kann man sich durch „Learning by doing" aneignen. Gruppenleiterinnen berichten, daß sie sich mit ihrer Gruppe zusammen weiter entwickelt haben, denn vieles wird erst durch die unmittelbare Erfahrung und Rückmeldung der Teilnehmerinnen deutlich.

Qualifikationen von vornherein mitzubringen, ist aber keinesfalls ein Fehler, denn die Bereitschaft Pflegender, in einer Gruppe Hilfe zu suchen, sollte nicht durch unglückliche Gruppenerfahrungen zerstört werden, deren Verantwortung nicht zuletzt in der Hand der Gruppenleitung liegt.
Dazu unabdingbar ist eine *intensive Auseinandersetzung mit der Lebenssituation pflegender Angehöriger.* Nur so läßt sich das oft scheinbar widersprüchliche Verhalten Pflegender einfühlend verstehen. Um ihnen ein Stück Entlastung und Weiterentwicklung anzubieten, sollte die Gruppenleitung mit dem vertraut sein, was Pflegende im Alltag bewegt. Diese Vertrautheit kann aus Erfahrung und persönlichem Umgang erwachsen und gefördert werden durch ausgewählte Literatur, wie sie im Teil C zusammengestellt ist.
Kenntnisse der möglichen Hilfsangebote für Pflegende im Umkreis sind des weiteren unabdingbar. Hier ist auch die nötige Bereitschaft zu Kooperation mit anderen Einrichtungen und Berufsgruppen zu fordern, die im Bedarfsfall mit herangezogen werden sollen; so kann z. B. die Mitarbeiterin einer Pflegekasse fachkundig über die Leistungen der Pflegeversicherung berichten, worüber die Gruppenleitung u. U. nicht so gut informiert ist.
Kenntnisse in Gesprächsführung. So viel Leid, wie es sich in Angehörigengruppen offenbart, läßt sich leichter für die Gruppe und auch die Leitung tragen, wenn diese Kenntnisse davon hat, wie Problemgespräche gestaltet werden können und worauf man achten muß.
Kenntnisse in Gruppendynamik. Gruppen, vor allem die, die eine längere Zeit zusammen sind, haben eine eigene Dynamik. Es ist sehr hilfreich, darum zu wissen, z. B. daß jede Gruppe eine Anfangs- und Ablösephase hat und wie man damit umgehen kann. Der eigene Führungsstil kann besser hinterfragt und gegebenenfalls verändert werden.
Kenntnisse in themenzentrierter Interaktion (TZI). Als eine gute Möglichkeit, mit Gruppen über bestimmte Themen zu arbeiten und dabei die Gefühlswelt als Anknüpfungspunkt für Lernen in der Gruppe miteinbeziehen, hat sich die TZI nach Ruth Cohn erwiesen. Weiterhin sind Kenntnisse in Psychodrama, Rollenspiel, Entspannungstechniken o. ä. von Vorteil.

6.4 Anleitung und Begleitung der Leiterinnen

Es ist nicht einfach, eine Angehörigengruppe zu leiten und mit dem gehäuften Leid, das so eine Gruppe ans Licht bringen kann, umzugehen. Das ist schon deutlich geworden, genauso wie die Notwendigkeit, als reife Persönlichkeit möglichst viele Kenntnisse und Fähigkeiten

als Handwerkszeug in die Gruppenleitung hineinzunehmen. Es hängt viel davon ab, inwieweit eine Leiterin qualifiziert ist, sich einfühlen kann und den Angehörigen Entlastung und Weiterentwicklung ermöglicht.
Dies steht nur scheinbar im Widerspruch zu der Aussage, daß sich möglichst viele Menschen diese Aufgabe zutrauen sollten, um Angehörigengruppen und Gesprächskreise in ausreichendem Umfang anzubieten. Vereinbaren läßt sich beides durch Anleitung und Begleitung (potentieller) Leiterinnen.

Beispiel:
Im Landkreis Reutlingen rief die Altenhilfefachberatung durch eine Artikelserie einen Angehörigengesprächskreis ins Leben. Es kamen erheblich mehr Teilnehmerinnen als erwartet, so daß die Gründung weiterer Gruppen erwogen wurde. Aber woher sollten die Leiterinnen dafür kommen?
Infrage kommende Personen aus unterschiedlichen Berufsgruppen und einige Ehrenamtliche hatten Interesse daran, z. T. aber nur wenig oder überhaupt keine Erfahrung mit Angehörigen. Um die interessierten Gruppenleiterinnen zu qualifizieren, wurde ihnen ein Einführungsseminar zur Lebenssituation pflegender Angehöriger angeboten, dem monatliche Treffen zu bestimmten Themen folgten: Gesprächsführung, Gruppendynamik, rechtliche und finanzielle Fragen, Verwirrtheit usw. Zu einem späteren Zeitpunkt fand ein weiterer Seminartag statt zu Fragen der Gruppengründungsphase, des Einstiegs usw. Auch als die Gruppen angelaufen waren, sollten regelmäßige Leiterinnentreffen den nötigen Austausch gewährleisten. Dadurch konnten Gemeinsamkeiten und Unterschiede herausgearbeitet und Anregungen gegeben werden. Darüber hinaus läßt sich aus den Fehlern, die andere machen, auch lernen. Unerfahrene Leitungspersonen hatten so immer wieder Ansprechpartnerinnen, bekamen eine Vielzahl von Informationen und vergrößerten sehr schnell ihre Kompetenz.

6.5 Zusammenarbeit mit Vertreterinnen anderer Fachgebiete

Mehrfach haben wir schon darauf hingewiesen, daß die Zusammenarbeit mit Vertreterinnen anderer Fachgebiete in der Arbeit mit pflegenden Angehörigen sehr sinnvoll ist, um die Pflegesituation von vielen Blickwinkeln aus anzugehen und dem großen Informationsbedürfnis Pflegender entgegenzukommen.
In einigen Orten gibt es eine Art „fachlichen Beirat" für die Veranstalter von Angehörigengruppen, der bei der Vor- und Nachbereitung der Treffen behilflich ist. In Bochum z. B. besteht dieser aus einem Pfarrer, der leitenden Schwester einer Diakoniestation, der Leiterin einer Altentagesstätte und Seniorenwohnanlage sowie einer Referentin für offene Altenarbeit.

Für die Mitarbeit als Referentinnen in den Angehörigengruppen selbst bieten sich an z. B.
Ärztinnen und Ärzte, vor allem Fachärztinnen für Inneres, Psychiatrie und Geriatrie (Alterskrankheiten, Demenz, Verwirrtheit);
Theologinnen und Theologen zu religiösen Fragen;
Mitarbeiterinnen des Sozialamtes zu Fragen der Sozialhilfe und des Pflegegeldes;
Rechtsanwältinnen und Rechtsanwälte zu Rechtsfragen, z. B. Testament, Rechte gegenüber den eigenen Geschwistern usw.;
Mitarbeiterinnen aus Beratungsstellen zu Beziehungsproblemen in der Familie;
Leiterinnen und Leiter von Alten- und Pflegeheimen zur Frage der Versorgung im Heim;
Mitarbeiterinnen von Sozialstationen zu pflegerischen Themen wie Dekubitus-Versorgung, Hilfe bei Inkontinenz, Handgriffe zur Pflegeerleichterung u. ä.;
Mitarbeiterinnen von Sanitätshäusern zur Information über das Spektrum von Pflegehilfen;
Mitarbeiterinnen von Krankenkassen zum Gesundheitsreformgesetz und Leistungen der Krankenkasse bei Pflegebedürftigkeit.
Die Einbeziehung von Referentinnen zu bestimmten Themenkreisen sollte sich immer an den Bedürfnissen der Teilnehmerinnen und den jeweiligen Problemkreisen sowie den Inhalten (siehe dazu Kapitel B.I.8) orientieren. Deshalb ist diese Aufzählung keinesweges vollständig.

7. Art des Angebots unter Berücksichtigung der jeweiligen Berechtigung

Schon bisher ist deutlich geworden, daß es im Bereich der Gruppenarbeit mit Angehörigen ein breites Spektrum gibt. Wir stellen im folgenden sieben verschiedene Formen vor und beschreiben, für welche Zielsetzung sie besonders geeignet sind.
In der Praxis erscheinen diese Formen allerdings oft kaum voneinander abgegrenzt. Da nennt sich z. B. „Selbsthilfegruppe", was wir mit „Kurs" bezeichnen, eine „Vortragsreihe" nach unserer Beschreibung firmiert als „Gesprächskreis". Die folgenden Beschreibungen und Abgrenzungen erscheinen uns dennoch wichtig in Bezug auf die Planung eines angemessenen Angebotes unter der Fragestellung: „Was will ich womit erreichen?"
7.1 Die *Einzelveranstaltung* nehmen wir als Veranstaltungsform auf, weil sie vielfältige Möglichkeiten bietet, erst einmal Bedarf und Ak-

zeptanz für weitergehende Angebote zu klären. Auch unerfahrene Veranstalter gewinnen so einen guten Einblick in die Bedürfnisse pflegender Angehöriger. Die Einzelveranstaltung erreicht auch diejenigen Angehörigen, die vor längerfristiger Gruppenarbeit erst einmal zurückschrecken, und kommt dem großen Informationsbedürfnis entgegen. Ein Referat/Vortrag mit einem interessanten/bekannten Referenten hat eine geringere Teilnahmeschwelle und kann zur Teilnahme an weiteren Angeboten motivieren.

Als Themen kommen vor allem die in Kapitel B.II.8 beschriebenen infrage, aber auch allgemein gehaltene wie „Belastungen pflegender Angehöriger", „Angehörige pflegebedürftiger alter Menschen", „Pflegeprobleme – Beziehungsprobleme?", „Die Situation von Angehörigen pflegebedürftiger alter Menschen – Ehrenamt – Selbstverständlichkeit – Zumutung?" „Wenn Eltern älter werden", „Hilfen für Angehörige pflegebedürftiger alter Menschen". „Welche Leistungen bietet das Pflege-Versicherungsgesetz pflegebedürftigen Älteren und ihren Angehörigen?" Allerdings ist die Einzelveranstaltung nur dann wirkungsvoll, wenn sie genauso sorgfältig vorbereitet und angekündigt wird wie ein längerfristiges Gesprächs- oder Kursangebot (siehe Kapitel B.II.). Wird die Einzelveranstaltung gut angenommen, kann sie weitergeführt werden, z. B. als Vortragsreihe.

7.2 Im Unterschied zum Kurs ist eine *Vortragsreihe* unverbindlicher. Die Themen können aufeinander aufbauen, aber auch in nur losem Zusammenhang stehen. Die Vortragsreihe ermöglicht Angehörigen schon einen gewissen Rahmen des Kennenlernens („Sie kommen doch auch zu den Vorträgen"... wenn man sich beim Einkaufen trifft, oder auch bei Gespächen im Anschluß an den Vortrag). Der Rahmen des Unverbindlichen bleibt aber insofern gewahrt, als niemand sich zu erkennen geben muß oder persönlich angesprochen wird. Die Vortragsreihe kann durchaus gleichberechtigt neben anderen Angeboten stehen. Dadurch, daß keine Teilnehmerbegrenzung nötig ist und Gruppenprozesse nicht vorgesehen sind, hat sie eine breite Akzeptanz. Besonderer Wert sollte allerdings auf die Auswahl der Referentinnen und Referenten gelegt werden. Gut ist es, Personen zu gewinnen, die reflektierte Erfahrung mit Angehörigen haben oder sich anderweitig, z. B. als Betroffene, mit dem Thema „Pflege in der Familie" auseinandergesetzt haben und besonders einfühlsam sind. So ist neben der notwendigen fachlichen Information gewährleistet, daß Angehörige sich auch menschlich verstanden fühlen können und gern wiederkommen.

7.3 Das *Seminar* dagegen hat nicht die Unverbindlichkeit der Vortragsreihe, allein schon durch die eingeschränkte Teilnehmerinnenzahl. Auch hier stehen Information und Lernen im Vordergrund, zumindest von der Ankündigung her. Wir haben die Erfahrung gemacht, daß Angebote, die Lernen beinhalten wie „Kurs" oder „Seminar", eine höhere Akzeptanz haben als „Gespräch" oder „Gruppe". Deren manchmal angstmachende Bedeutung wird hier vermieden. Auffallend ist, daß auch sehr viele Teilnehmerinnen kommen, die sich – nicht nur pflegerisch – weitestgehend auf häusliche Pflegesituationen vorbereiten wollen.

Während des gesamten Seminars handelt es sich in der Regel um einen festen Teilnehmerinnenkreis. Die Dauer des Seminars kann sehr variieren: ein ganzer Tag, ein Wochenende, wöchentliche oder zweiwöchentliche Sitzungen von je zwei Stunden oder mehr. Wenn das Seminar in Abständen (möglichst regelmäßig) angeboten wird, sollte es mindestens vier bis höchstens acht Sitzungen umfassen. Bei Bedarf kann es dann verlängert werden, wie dies in der Praxis häufig geschieht.

„Seminar" scheint aus der Sicht von Angehörigen ihre Situation aufzuwerten und die Bereitschaft zu erhöhen, neue Informationen zu berücksichtigen, eingefahrene Abläufe zu überdenken und nach neuen Lösungen zu suchen. Häufig entwickeln sich im Anschluß Gesprächskreise. Viele Angehörige sind aber auch mit dem Erreichten zufrieden und nehmen erst einmal keine weiteren Angebote in Anspruch.

Seminare bieten sich besonders im direkten Umfeld Pflegender an, z. B. innerhalb der Kirchengemeinde, im Stadtteil. Es besteht von seiten der Teilnehmerinnen weniger Angst („was können die anderen denken"), denn im Mittelpunkt stehen ja die vorher angekündigten Themen des Seminars, wegen derer die Pflegenden gekommen sind. Trotzdem entwickelt sich oft sehr viel Verbundenheit. Pflegende kennen sich häufig schon vom Sehen, ohne über ihre gemeinsame Verbindung, Pflege in der Familie, zu wissen. Durch das Seminar wachsen häufig engere Beziehungen innerhalb des nachbarlichen und gemeindlichen Umfeldes, „man fragt nacheinander", so daß Angehörige sich geborgener fühlen können. Als Bezugspunkte für Gespräche kommen dann nicht nur die eigene Situation infrage, sondern auch das Seminar, die Themen, die Referentinnen usw.

Innerhalb des Seminars gibt es verschiedene Möglichkeiten: Die Leiterinnen können die Themen allein bestreiten oder aber mit Referentinnen arbeiten. Das ist sicherlich auch eine finanzielle Frage. Es hat sich in der Praxis gezeigt, daß beides seinen Sinn hat. Um ein besseres Zusammenwachsen der Gruppen zu ermöglichen, können z. B. möglichst viele Themen von der Leitung selbst behandelt werden, und nur bei speziellen Fachthemen wird eine Referentin zugezogen. (Vgl. Kapitel B.II.6.5) Grundsätzlich scheint die Schwelle für Leiterinnen zur

Übernahme von Gruppen leichter zu sein, wenn sie mit Referentinnen arbeiten können. Dadurch erhöht sich natürlich auch ihr Wissen und ihre Kompetenz.
Seminare werden von sehr verschiedenen Trägern angeboten und sind nicht an eine bestimmte Einrichtung gebunden.

7.4 Der *Kurs* unterscheidet sich nur unwesentlich vom Seminar – er findet in der Regel in wöchentlichen Abständen statt mit der Dauer von eineinhalb bis zwei Stunden. Er wird als solcher traditionell meist von Volkshochschulen und Familienbildungsstätten angeboten. Referentinnen sind nicht unbedingt vorgesehen, in der Regel ist die Kursleiterin auch Referentin. Aber auch hier ist nach Absprache mit dem Träger flexibles Vorgehen meist möglich. Die Dauer beträgt üblicherweise sechs Treffen, die bei Bedarf verlängert werden können.

Der Kurs paßt in das Bildungsprogramm der oben genannten Einrichtungen. Wenn nicht zusätzliche Werbung gemacht wird, kommen meist Hörerinnen der Volkshochschulen oder Bildungsstätten. Durch die größere Anonymität, bedingt durch die zentralen Veranstaltungsorte, kommt es in solchen Kursen oft schnell zur gesprächsorientierten Arbeit. Diese kann immer wieder durch thematisch orientierte Einheiten ergänzt werden. Auch der Kurs hat eine begrenzte Teilnehmerinnenzahl, in der Regel sind es maximal 15 Personen.

Soll ein *Pflege*kurs nach § 45 SGB XI angeboten werden, gelten für diesen andere Voraussetzungen. Da es Aufgabe der Pflegekassen ist, diese anzubieten, ist es sinnvoll, mit den vor Ort wichtigsten Kassen Kontakt aufzunehmen und sich ggf. einen Auftrag geben zu lassen (s. Kapitel B.II.5).

Viele Kassen, z. B. AOK, BEK u. a., haben eigene Kurskonzepte entwickelt, an die sich die Anbieter bzw. Auftragnehmer zu halten haben. Im Teil C (Anhang) sind einige Konzepte beispielhaft erläutert. Sie sind im wesentlichen angelehnt an die auch schon früher von Sozialstationen durchgeführten Pflegekurse.

7.5 Der *Gesprächskreis* ist nach den vorliegenden Erfahrungen die am häufigsten angebotene und verbreitete Form der Angehörigengruppe. Wie schon der Name sagt, geht es vor allem um Gespräche. Im Unterschied zu Kurs und Seminar sind die Themen meist vorher nicht festgelegt, sondern werden mit den Teilnehmerinnen entwickelt. Die Dauer und Häufigkeit der Treffen variieren sehr stark (vgl. Kapitel B.II.3).

Die Nachteile sind schon dargestellt worden: Die Schwelle für die Teilnahme ist oft höher als bei anderen beschriebenen Formen, vor allem, wenn der Gesprächskreis im Wohnumfeld Pflegender angeboten wird. So scheitern Angebote für Gesprächskreise häufig („die Sozialstation fand keine Teilnehmer für den Gesprächskreis"), wenn sie

nicht ausreichend vorgeplant und angekündigt oder Probleme der Anfahrt nicht mitbedacht wurden (vgl. Kapitel B.II.3).
Innerhalb der Gesprächskreise ist noch zu unterscheiden zwischen *offener* und *geschlossener* Gruppe. Seminar und Kurs sind in der Regel geschlossen, d. h. neue Teilnehmerinnen werden nur in Ausnahmefällen aufgenommen. Beim Gesprächskreis kann dies anders sein, da seine Dauer nicht in jedem Fall begrenzt ist. Die Aufnahme neuer Teilnehmerinnen ohne vorherige Absprache bringt u. U. viel Unruhe in eine sich gerade findende Gruppe und sollte unserer Meinung nach eher da erwogen werden, wo ein schon stabiler Kreis von sich aus oder auf Anregung dazu bereit und auch in der Lage ist.
Die Fluktuation in offenen Gruppen ist allerdings nicht sehr groß, trotzdem entstehen meist nicht so intensive Kontakte. Die Unverbindlichkeit bleibt immer bestehen. Es kann sehr störend sein, wenn nach einiger Zeit wieder neue Teilnehmerinnen hinzukommen, wieder mit denselben Fragen, und sich erst einmal aussprechen wollen, so daß für die in vorherigen Treffen entstandenen Prozesse kein Platz ist. Es kann eine sinnvolle Alternative sein, neben einer geschlossenen Gruppe zusätzlich eine offene anzubieten als unverbindlicheres Angebot zum Kennenlernen. Unserer Erfahrung nach bieten sich eher noch Vortragsreihen an, da der Grund, zu einer offenen Gruppe zu gehen, häufig ein großes Informationsbedürfnis ist. Eine weitere gute Lösung kann es sein, einen zeitlich begrenzten Gesprächskreis anzubieten und ihn nach dem vorgesehenen Ablauf wieder neu auszuschreiben und auch für neue Teilnehmerinnen zu öffnen. So kann eine Erweiterung des Kreises stattfinden.
7.6 In etlichen Orten in der Bundesrepublik gibt es auch *therapeutisch orientierte Gesprächsgruppen,* meist im Zusammenhang mit Angehörigenberatungsstellen (z. B. in Norderstedt und Hamburg). Sie werden geleitet von Psychologinnen, Pädagoginnen, Ärzten und Ärztinnen mit Zusatzausbildungen in Gruppentherapie, Familientherapie, Psychodrama, Psychoanalyse, Gesprächstherapie, Verhaltenstherapie o. ä.
In diesen Gruppen wird mit Hilfe der verschiedenen Verfahren vor allem an den beziehungsbedingten Problemen in der häuslichen Pflegesituation gearbeitet. Die Dauer solch einer Gruppe liegt bei ein bis zwei Jahren, je nach Häufigkeit der Treffen. In der Angehörigenberatungsstelle in Norderstedt dauerte die Teilnahme für die einzelnen Mitglieder bei zweiwöchentlichen Sitzungen von etwa eineinhalb Stunden Dauer etwa zwei Jahre. Im Projekt des Fördervereins für paritätische Altenhilfe und Gemeinwesenarbeit in Köln wurden 46 therapeutische Sitzungen von je zwei Stunden Dauer in einem Jahr durch-

geführt, zusätzlich ein Wochenendseminar. Die Gruppengröße betrug zehn Personen.
Es versteht sich von selbst, daß solche Gruppen nur von dafür ausgebildeten Leiterinnen angeboten werden können und sollen. Es ist auch nicht davon auszugehen, daß pflegende Angehörige grundsätzlich eine Therapie brauchen, um ihre Probleme zu bewältigen. Wenn dies angezeigt ist, kommt hierzu auch eine Einzeltherapie infrage, wobei die Gruppentherapie zusätzlich den Vorteil des gegenseitigen Kennenlernens und der Verringerung der erlebten Isolation hat.

7.7 Wie schon angesprochen, werden einige fachlich geleitete Gesprächsgruppen als *Selbsthilfegruppen* bezeichnet. Als solche sind im engeren Sinne eigentlich nur Gruppen zu bezeichnen, die von den Betroffenen selbst initiiert, organisiert, durchgeführt und geleitet werden. Solche Gruppen existieren vor allem im Bereich der Angehörigen psychisch kranker Menschen, z. B. bilden sich seit einigen Jahren Selbsthilfegruppen für Angehörige von Alzheimer Patienten und anderen Dementen. Diese Gruppen sind meist einer regionalen Alzheimer-Gesellschaft angeschlossen. Sie arbeiten eng zusammen mit Ärzten und Ärztinnen und anderen Fachleuten. Die Alzheimer-Gesellschaft hat sich 1989 auf Bundesebene organisiert und durch engagierte Öffentlichkeitsarbeit die Krankheit weithin bekannt gemacht und enttabuisiert.

Die Voraussetzung für Selbsthilfegruppen scheint ein hoher Informationsgrad und das Bewußtsein von Betroffenen zu sein, daß es allein nicht (mehr) geht. Bei der Alzheimer Krankheit wurde dieser Prozeß sicherlich unterstützt durch das Interesse von Medizinern und Biologen an dieser immer häufiger auftretenden Krankheit und ihren Folgen. Sie engagierten sich auch für die Angehörigen. Fernsehsendungen und Filme, Bücher, Zeitschriftenartikel nicht nur in der Fachpresse, sondern auch in „Spiegel", „Stern", Tageszeitungen usw. erleichterten betroffenen Angehörigen die Solidarisierung mit anderen Betroffenen.

Selbsthilfe in Gruppen scheint immer da möglich zu sein, wo es konkrete Anknüpfungspunkte gibt und die Sicherheit, gemeinsam mit anderen Betroffenen etwas zu erreichen[14]. Das ist nicht generell auf alle pflegenden Angehörigen übertragbar. Und sie ist auch da einfacher zu verwirklichen, wo die Gruppen patientenorientiert sind – wie bei Schlaganfall-, Rheuma-, Alzheimer-Gruppen usw. Hier ist „nur" ein

---

[14] s. auch Norbert Wohlfarth, Helmut Breitkopf: Selbsthilfegruppen und soziale Arbeit. Eine Einführung für Soziale Berufe. Lambertus-Verlag, Freiburg 1995, S. 26–28

Bekenntnis zum Problem der Krankheit erforderlich, während angehörigenorientierte Gruppen wie Töchter- oder Ehepartnergruppen sich obendrein zum Problem der Beziehung bekennen müssen. Das ist erheblich schwieriger und erfordert noch andere Entwicklungsprozesse. So ist es sicher kein Zufall, daß patientenzentrierte Selbsthilfegruppen bisher den höchsten Organisationsgrad haben.
Häufig initiieren Sozialarbeiterinnen/pädagoginnen und andere Fachkräfte Gesprächsangebote für Angehörige mit der erklärten Absicht, diese später in Selbsthilfegruppen zu überführen. Diese Absicht scheitert häufig. Die Angehörigen erleben sich ohne Leitung, die die manchmal widersprüchlichen Aussagen zusammenführt, die neue Sichtweisen vermittelt und aus ihrer Fachlichkeit heraus Anregungen gibt, recht hilflos. Ein Gruppenmitglied beschreibt es so: „Seit Frau Z. (die Leiterin) nicht mehr dabei ist, drehen wir uns oft um uns selbst. Ich weiß nicht, ob ich in Zukunft noch kommen mag. Mir fehlt die Ansprechpartnerin."
Viele Teilnehmerinnen haben es als bereichernd erlebt, daß endlich einmal jemand für sie da ist. Es kann als großer Verlust wahrgenommen werden, wenn plötzlich die Vertrauensperson nicht mehr da ist. „Selbsthilfegruppe" sollte also nicht übergestülpt werden, sondern dem wirklichen Wunsch der Teilnehmerinnen sowie ihrem eigenen Zutrauen entsprechen. Betrachtet man allerdings „Selbsthilfe" in einem weitergefaßten Sinne, so entsteht sie als Folge von Gesprächskreisen/Seminaren usw. immer dort, wo Angehörige sich z.B. in einem Stadtteil kennenlernen, miteinander ihre Lage besprechen, weil sie nun voneinander wissen, sich gegenseitig anregen, einladen, im Gesprächskreis gelernt haben, wie sie sich selbst helfen bzw. wie und wo sie Hilfe in Anspruch nehmen können.
Taucht aber innerhalb einer Sozialstation, Gemeinde, einem Viertel/Stadtteil der Wunsch nach solchen Gruppen auf, und Angehörige nehmen es in die Hand, kann man sie sehr wirkungsvoll unterstützen durch Bereitstellung von Räumlichkeiten, bei der Suche nach Referenten oder der Gewinnung von Teilnehmerinnen. Wichtig ist dabei allerdings, nicht die Federführung und Leitung zu übernehmen[15].
7.8 *Gruppengröße*. Die Größe regelmäßig stattfindender Gruppen überschritt in den genannten Erhebungen der Caritas und des KDA selten mehr als 15 Teilnehmerinnen. Von manchen Anbietern wurden sechs bis acht Teilnehmerinnen als ideale Gruppengröße angegeben.

---

[15] vgl. Klaus Balke, Wolfgang Thiel (Hrsg.): Jenseits des Helfens. Professionelle unterstützen Selbsthilfegruppen. Lambertus-Verlag, Freiburg 1991, S. 52–60

Maximal zwölf Teilnehmerinnen werden z. B. beim Caritasverband Waldshut in eine Gruppe aufgenommen. Bei mehr Interessentinnen kommt es zur Bildung eines weiteren Kreises.

Die Gruppengröße hat einen starken Einfluß auf den Verlauf. Je mehr Teilnehmerinnen, desto länger dauert es, bis es zu jenem Grad von Vertrautheit kommt, bei dem es leicht fällt, Gefühle zu zeigen und beim nächsten Mal auch noch wiederzukommen. Je größer die Gruppe, desto mehr Wahlmöglichkeiten für Kontakte sind andererseits gegeben.

Da immer wieder jemand ausfällt wegen Krankheit oder sonstiger Verhinderung, sollte die Gruppengröße nicht zu klein sein. So kommen wir zu der Empfehlung, daß eine Gruppe, in der es mehr um Gespräche und Gefühle geht, zwischen sechs bis zehn Teilnehmerinnen haben sollte, während Kurse und Seminare, bei denen eher Information gegeben werden, auch größer sein können.

Je größer eine Gruppe, desto höher sind unter Umständen die Anforderungen an die Leitung, wenn sie jede Teilnehmerin integrieren will. Es ist durchaus möglich, mit großen Gruppen von mehr als 15 Teilnehmerinnen eine Atmosphäre von Geborgenheit und Offenheit zu erleben. Das hängt allerdings sehr von der Zusammensetzung der Teilnehmerinnen ab. Leichter läßt es sich mit der oben vorgeschlagenen Gruppengröße arbeiten.

7.9 Probleme und Hinweise. Im folgenden gehen wir kurz auf Probleme ein, die, unabhängig von der Veranstaltungsform, in Gruppen pflegender Angehöriger auftreten können.

Gerade in kleineren Orten oder Stadtteilen, in denen die Menschen sich zumindest vom Sehen oder dem Namen nach kennen, kann es zu der Schwierigkeit kommen, daß das in den Gruppen Gesagte nicht dort bleibt, sondern ein Stück „herumgetragen" wird. Das kann folgenschwere Konsequenzen haben.

Ein Beispiel:
In einem „Seminar für pflegende Angehörige" in M., einer Großstadt, ist die Zusammensetzung der Gruppe sehr gemischt: pflegende Töchter, Schwiegertöchter, Ehefrauen und -männer sowie einige Ehrenamtliche der Nachbarschaftshilfe. Es kommt zu sehr persönlichen Äußerungen einer pflegenden Tochter von 55 Jahren, Frau H., die unter belastenden Umständen ihre demente, schon immer psychotische Mutter versorgt und mit Hilfe der Nachbarschaftshilfe halbtags berufstätig sein kann. Die Tochter beschreibt ihre Verzweiflung eindrücklich, und auch die manchmal gewaltsame Art, in der beide miteinander umgehen.
Im Seminar lernt Frau H., ihre Situation anders anzuschauen, sich selbst und ihre Mutter besser zu verstehen. Die Kursleiterin rät ihr im Einzelge-

spräch darüber hinaus zu psychologischer oder psychotherapeutischer Behandlung und empfiehlt ihr eine Therapeutin.
Kurze Zeit nach Abschluß des Seminars erhält Frau H. eine Vorladung vom Ordnungsamt. Der für sie zuständige Sachbearbeiter des Sozialamtes, von dem die Mutter Pflegegeld für die Kosten der Nachbarschaftshilfe erhält[16], hatte einen „Tip" bekommen, daß Frau H. ihre Mutter mißhandle... Es stellte sich heraus, daß das Sozialamt aus dem Teilnehmerinnenkreis durch eine der Nachbarschaftshelferinnen benachrichtigt wurde.

In jeder Gruppe sollte zu Beginn das sogenannte „Setting" deutlich gemacht werden, also die Bedingungen, unter denen die Teilnehmerinnen sich hier einlassen können. Die Verschwiegenheit des Kreises ist eine der wesentlichen davon.

Grundsätzlich ist dazu zu sagen, daß die Teilnahme an der Gruppe freiwillig ist und niemand dadurch Nachteile haben darf. Voller Vertrauen öffnen sich viele Teilnehmerinnen und lernen, das eigene Verhalten kritisch zu reflektieren und zu verändern. Da aber jede Teilnehmerin nur begrenzte Möglichkeiten hat, über das eigene Leid hinaus mit dem anderer umzugehen, hat die Gruppenleitung auch Sorge dafür zu tragen, daß sich niemand auf eigene und auf Kosten anderer zu Selbstbekenntnissen veranlaßt fühlt, ohne daß es aufgefangen werden kann. Daß dies in der Praxis oft sehr schwer ist, wissen wir aus eigener, leidvoller Erfahrung. Es ist kein Zeichen der Qualität einer Gruppe, wenn jedes Gruppenmitglied vom anderen alle Einzelheiten der individuellen Situation weiß – und man sich vielleicht, ohne „Freundin" geworden zu sein, auch noch nach Jahren damit beim Einkaufen begegnen wird. Das „Setting der völligen Offenheit", das auch „Gesichtsverlust" bedeuten kann, sollte darum zentral eingerichteten Gruppen vorbehalten bleiben, in denen die Anonymität eher gewährleistet ist, bzw. therapeutischen Gruppen unter entsprechender fachlicher Leitung.

Die Gruppenleitung sollte hinreichend kompetent sein, ihre eigenen und die Grenzen der Gruppe zu erkennen und hochbelastete Personen in weitergehende Behandlung oder Beratung vermitteln.

8. Inhalte und Methoden der Gruppenarbeit

Was inhaltlich in Angehörigengruppen geschieht, steht in unmittelbarem Zusammenhang mit den in Kapitel B.II.2 beschriebenen Erwartungen der Teilnehmerinnen. Im folgenden beschreiben wir, welche Inhalte und Themen sowie Vorgehensweisen und Methoden als Ant-

---

[16] Es handelt sich um ein Beispiel vor Einführung der Pflegeversicherung.

wort auf Bedürfnisse und Erwartungen pflegender Angehöriger sinnvoll sein können.

8.1 Inhalte und Themen

Eine Fülle verschiedener Themen und Inhalte werden in Gesprächskreisen, Kursen usw. nicht nur angesprochen, sondern z. T. auch längerfristig behandelt, je nach Interesse der Teilnehmerinnen und Möglichkeiten von seiten der Organisatoren und der Leitung. Sie sind nachfolgend in sechs Bereiche aufgeteilt, die jeweils grundsätzlich erläutert werden, ohne daß dann im einzelnen auf jedes Thema eingegangen werden soll. Die Aufstellung soll keineswegs den Eindruck erwecken, daß alles gleichzeitig dazu gehört, sondern lediglich die Bandbreite der Möglichkeiten aufzeigen, um (zukünftigen) Gruppenleiterinnen Anregungen zu vermitteln.

8.1.1 Finanzielle und rechtliche Informationen
Wie schon an anderer Stelle betont, sind Angehörige oft nur sehr unzureichend informiert über das, was einem pflegebedürftigen alten Menschen an finanziellen und rechtlichen Hilfen bei entsprechender Voraussetzung zur Verfügung stehen kann. Diese Informationen werden deshalb in der Regel sehr dankbar aufgenommen. Sie bringen für manchen Pflegenden entscheidende Verbesserungen der Pflegesituation. Die schwierigen Beziehungen zwischen Pflegenden und Gepflegten können entlastet werden, wenn es z. B. durch die Zahlung eines Pflegegeldes zu einer „Gratifikation" kommt (vgl. Kapitel A.III.) und damit zu einer Form der Anerkennung der Pflegeleistung. Auch ungeklärte Fragen des Erbrechts belasten häufig, wenn z. B. die Pflegenden nicht darüber informiert sind, was ihnen für ihre Arbeit vom Einkommen / Vermögen der Eltern zusteht, ob sie es später vom Gesamterbe beanspruchen oder vorher abziehen sollen.
Unsere Beobachtung ist, daß Pflegende viel selbstbewußter werden, wenn sie sich in diesen Fragen auskennen und erfahren können, wie andere es machen.
Die Themen in diesem Bereich sind im wesentlichen:
Leistungen der Pflegeversicherung: Informationen zum SGB XI
dabei vor allen Dingen – Geld- und Sachleistungen, die für die Pflege(personen) vorgesehen sind nach §§ 36 ff. SGB XI,
– Pflegehilfsmittel und technische Hilfen nach § 40 SGB XI,
– Unterstützung durch Tages- und Nachtpflege nach § 41 SGB XI sowie Kurzzeitpflege nach § 42 SGB XI,

- die Möglichkeit, Kurse und Schulungen auch in der häuslichen Umgebung zu erhalten nach § 45 SGB XI und
- Leistungen zur sozialen Sicherung der Pflegepersonen nach § 44 SGB XI;

da viele Pflegebedürftige aber die Voraussetzungen für Leistungen aus der Pflegeversicherung nicht erfüllen, sollte auch informiert werden über
BSHG (Bundessozialhilfegesetz) und das dortige Pflegegeld sowie über Beihilfen und Hilfe zum Lebensunterhalt;
Betreuung und Testamentsniederlegung;
Pflegschaft nach dem Betreuungsgesetz;
rechtliche Voraussetzungen für die Heimunterbringung und finanzielle Leistungen nach § 43 SGB XI.

8.1.2 Hilfen zur Entlastung

Ambulante Pflegedienste, vor allem, wenn sie alteingesessen sind, gehen in der Regel davon aus, daß ihr Leistungsangebot einer breiten Bevölkerungsschicht bekannt ist. Das kann grundsätzlich bejaht werden, allerdings ist es erschreckend, wie wenig Pflegende selbst informiert sind und die Hilfe auch in Anspruch nehmen. Das konnten wir vor allem da beobachten, wo nicht ambulante Dienste Veranstalter von Angehörigengruppen sind, sondern Volkshochschulen, Familienbildungsstätten usw. Großes Gewicht sollte also darauf gelegt werden, über Entlastungsangebote hinreichend zu informieren, z. B. die Leiterin einer Sozialstation in die Gruppe einzuladen oder ihre Station zu besuchen, um die Barrieren für die Inanspruchnahme herabzusetzen. Allerdings sollten die Erwartungen der Teilnehmerinnen von Anfang an auf ein realistisches Maß begrenzt werden, da sonst eine Enttäuschung auf diesem Gebiet dazu führen kann, andere Hilfen nicht mehr nachzufragen.

Die Entlastungsangebote variieren mehr oder minder stark, je nach Stadt oder Land und auch dem Ausbau der ambulanten, stationären und teilstationären Dienste.

Wir zählen auch das Pflegeheim zu den Entlastungsangeboten, denn in der Praxis hat sich gezeigt, daß die Familienbeziehung und die Sorge um den alten Menschen durch die Übersiedlung ins Heim nicht aufhörten, wenn auch die rein physische Versorgung wegfällt. Angehörige, die gepflegt haben und den alten Menschen ins Heim bringen oder gebracht haben, kämpfen mit einer Fülle von Schuldgefühlen. Diese werden verstärkt durch unzureichende Information und mangelnde Vergleichsmöglichkeiten.

Grundsätzlich soll in der Angehörigengruppe die Familiepflege gestärkt werden, andererseits sollen aber auch da, wo es zu Hause nicht mehr geht, andere Lösungen in Betracht gezogen werden. Dazu gehört nicht nur das Heim, sondern auch all die anderen Hilfen, die im folgenden benannt werden:
Sozialstationen / ambulante Dienste
Mobile soziale Hilfsdienste
Essen auf Rädern / Mobiler Wäschedienst
Tages- und Nachtpflege
Kurzzeitpflege
Beratungs- und Koordinationsstellen für ältere Menschen und ihre Angehörigen
Beratungsstellen für Jugend-, Familien- und Lebensfragen bzw. Angehörigenberatungsstellen / Mehrgenerationenberatung
im Einzelfall auch Informationen über therapeutische Angebote.
Es gilt, den Stellenwert der Hilfeangebote für die Entlastung deutlich herauszuarbeiten sowie ihre Möglichkeiten und Grenzen. Das kann beispielsweise gut gelingen, wenn die von den Teilnehmerinnen schon beanspruchten Dienste besprochen und Erfahrungen dazu ausgetauscht werden. Auch kann der jeweilige Tagesablauf der einzelnen Gruppenmitglieder verdeutlichen, welche Angebote gefragt sein könnten.

8.1.3 Medizinisch-pflegerische Themen

Pflegende Angehörige, die vor der Teilnahme an einem Angehörigengesprächskreis o. ä. schon einmal einen Pflegekurs besucht haben, fallen durch größere Kompetenz und Sicherheit im Umgang mit den kranken Menschen auf. Obwohl diese Kurse von den Pflegekassen kostenlos angeboten werden müssen, werden sie nur von wenigen in Anspruch genommen.
So kann es sehr positiv sein – und entspricht dem oft geäußerten Interesse –, medizinisch-pflegerische Themen mit in die Angehörigengruppe hineinzunehmen. Dies sind im wesentlichen:
einfache pflegerische Handgriffe;
Darstellung ausgewählter Krankheitsbilder, z. B. Parkinson, Alzheimer Krankheit, Diabetes, Inkontinenz, Schlaganfall, Pneumonie u. a.;
Überblick über Pflegehilfsmittel, z. B. Krankenbett, Gehhilfen, aber auch Krankenunterlagen u. ä.;
Massage und Stabilisierungsübungen für die Kranken und die Pflegenden zur Verbesserung der eigenen Kondition;
Erläuterungen von Wirkungen und Nebenwirkungen gebräuchlicher Medikamente;
Diätberatung / Anregungen zur Ernährung älterer Menschen;

Einführung in die Naturheilkunde / Homöopathie;
Erarbeitung der „Aktivitäten des täglichen Lebens";
Umgang mit Demenz und Verwirrtheit;
medizinische Aspekte des Älterwerdens;
Einführung in aktivierende Pflege;
Umgang mit Schlafproblemen älterer Menschen / mit eigenen Schlafproblemen;
Versorgung Schwerkranker und Sterbender;
Grundzüge der Rehabilitation.
Wenn mehr als die Hälfte der von den Teilnehmerinnen gewünschten Themen aus dem medizinisch-pflegerischen Bereich stammen, lohnt es sich, ggf. mit den Pflegekassen Kontakt aufzunehmen wegen der Finanzierung, vgl. Kapitel B II. 5 und Kapitel B II. 7.4.

8.1.4 Psychosoziale Themen

Diese Themen nehmen von der Vielfalt her den größten Raum ein und bedürfen auch der ständigen Wiederholung in vielen Variationen, ist es doch am schwierigsten, die eigene Sichtweise und die Einstellung zu verändern. Dies erscheint aber aufgrund der immensen psychischen Belastung Pflegender dringend geboten.

Wie ein roter Faden laufen die im folgenden angesprochenen Bereiche mit: So geht es inhaltlich darum, eine *Ausschöpfung der Ressourcen der Umgebung / Familie* anzustreben. Dazu gehört, die erweiterte Familie – also andere Angehörige des gepflegten Menschen – zur Hilfsbereitschaft zu mobilisieren, ebenso Bekannte und Nachbarschaft behutsam einzubeziehen. Die eigenen Kinder der Pflegenden an der Pflege zu beteiligen, kann ein Gewinn für das ganze Familiensystem sein und nicht nur zur Entlastung der Pflegeperson beitragen, sondern auch den Kindern einen besonderen Stellenwert einräumen.

Eine weitere Aufgabe ist, *vorausschauend planen zu können,* Pflege kann ein langjähriger Prozeß für alle Beteiligten sein. Er erfordert, um bewältigt zu werden, ein tiefgreifendes Umdenken in bezug auf die Lebensplanung der ganzen Familie: Gestaltung des Familienlebens; Planung von Freizeitaktivitäten, Einbeziehung von Verschlechterung des (eigenen) Gesundheitszustandes; Einplanen von Urlaub und Erholungsphasen und nicht „sie wird ja bald sterben, dann..."

Auch *Kraft schöpfen und Abstand gewinnen lernen,* um mit mehr Gelassenheit den täglichen Notwendigkeiten zu begegnen, ist ein Thema, das immer wiederkehrt, wie auch *größere Zurückhaltung in der Hilfeleistung gegenüber dem Gepflegten.* Seine Fähigkeiten sollten immer beachtet werden. Sie zu erhalten und zu fördern, beinhaltet mehr Eigenständigkeit und Selbstwertgefühle für den kranken Menschen.

Langfristig können Pflegende so auch ihre eigenen Bedürfnisse stärker wahrnehmen lernen, was Qualität und Dauer der Pflege auf jeden Fall zugute kommt, ebenso der eigenen Gesundheit.
Das *Anschauen der positiven Aspekte häuslicher Pflege* neben all der Belastung ist auch wichtig. Die Frage heißt: „Wie können Sie sich, Ihrer Familie, Ihrem kranken Menschen das Leben noch so schön wie möglich machen?"
Den Kranken verstehen lernen: Um zu neuen Sichtweisen zu kommen, ist es notwendig, verstehen zu lernen, warum Pflegebedürftige oft so ganz anders als früher reagieren. Abweichendes Verhalten im weitesten Sinne kann neu interpretiert werden, Verhaltensstörungen und Bewältigungsmechanismen des alten Menschen werden kennengelernt – und damit ein Teil des Schuldempfindens Pflegender abgebaut.
Im Anschluß an diese Überlegungen listen wir ohne Erläuterung weitere psychologische Themen auf, wie sie in der Caritas-Befragung und der KDA-Zusammenstellung benannt wurden:
Altwerden – psychologische Aspekte: Altsverluste, Altersgewinne;
Kommunikationsprobleme – wie rede ich mit kranken Menschen?
Einführung in die Gesprächsführung;
Grenzen setzen lernen – muß ich alles tun, was andere von mir erwarten?
Umgang mit Scham- und Schuldgefühlen;
Krankheit als psychischer und sozialer Prozeß – was ist ein „guter" Kranker, was erwarte ich vom Kranken? Wie denkt und empfindet er, was erwartet er von seinen Pflegepersonen?
Pflege – ein besonderes Gewaltverhältnis; Machtausübung auf beiden Seiten Abschiednehmen, Trennung, Trauer, Sterben;
Pflegeprobleme – Beziehungsprobleme?
Probleme mit Geschwistern;
Belastung durch die Pflege für das Familienleben;
Partnerschaftsprobleme;
Rollenbewußtsein – welche Rollen haben Pflegende, was muß ausgehalten, was kann verändert werden?
Rollenumkehr / -verschiebung – die Mutter wird zum „Kind", die Tochter als Pflegende zur „Mutter";
Bewältigungsstrategien;
Gegenüberstellungen: Angst – Vertrauen: stark – schwach; helfen – hilflos;
Theologische Fragen: Wahrheit am Krankenbett; Trost und Hoffnung: Wegweiser in meinem Leben; Geben und Empfangen, Dunkelheit und Licht; wie kann der Glaube Kranken und Pflegenden helfen?
Umgang mit Aggressionen;
Nähe und Distanz;

Was belastet, was entlastet mich am meisten?
Freie Zeit für mich, aber wie?

8.1.5 Entspannung und Meditation

In vielen Angehörigengruppen legen die Gruppenleiterinnen großen Wert darauf, daß bei den Treffen nicht nur „schwere" Inhalte auf der Tagesordnung stehen, sondern auch Einübung in Entspannung und Meditation, was für Pflegende dann zu Hause hilfreich sein kann. Das Ziel ist, sich selbst einmal bewußt in den Mittelpunkt zu stellen, mal nur für sich da zu sein.

In manchen Gruppen wird an den Beginn jedes Treffens z. B. eine zur Jahreszeit passende Meditation gesetzt oder eine, die mit dem folgenden oder zurückliegenden Thema zu tun hat. Es werden kleine Gedichte oder Texte von den Teilnehmerinnen selbst mitgebracht, auch als „positiver" Schluß vor dem Nachhausegehen, damit – gerade bei abendlichen Sitzungen – nicht nur das Schwere mit in den Schlaf genommen wird. Einige Anregungen dazu:

November-Gedanken
Dunkelheit und Licht
Helfen und Hilfe empfangen, Geben und Nehmen
Abschiednehmen
Wer bin ich, wo stehe ich gerade?
Atempausen
Wegweiser in meinem Leben

In anderen Gruppen gehören einfache Entspannungsübungen zu jedem Treffen, wenn es den Teilnehmerinnen guttut – oder es wird eine „Entspannungsstunde" eingelegt.

8.1.6 Geselligkeit und Kultur

Viele Gruppenleiterinnen betonen die Wichtigkeit von Geselligkeit und Unternehmungen innerhalb der Gruppe, um die Pflegenden zu Eigenaktivität anzuregen und ihre Isolation zu verringern. Das können kleine Feste oder Feiern zu gegebenen Anlässen sein, z. B. in der Weihnachtszeit, im Sommer, Erntedank o. ä. Das kann auch einfach ein geselliger Abend in einem gemütlichen Lokal sein oder ein Nachmittag im Café. Manche Gruppen machen Wanderungen, treffen sich zu einer Ausstellung, einem Theaterstück, besuchen gemeinsam Vorträge oder machen zum Abschluß eines längergehenden Gesprächskreises einen Ausflug.

Solche Aktivitäten stärken auch den Zusammenhalt untereinander und ermöglichen weitergehende Kontakte außerhalb der Gruppe nicht nur über die Pflege. Darüber hinaus erleben sich Pflegende auch wieder als „normale" Menschen, die auch zur Freude fähig sind, ohne dabei das Leid verdrängen zu müssen.

8.2 Methodische Anmerkungen

Nachdem wir eine Fülle von Inhalten aufgeführt haben, möchten wir einige Methoden vorstellen, mit denen diese behandelt werden können. In der Caritas-Befragung und der KDA-Zusammenstellung lassen sich zwei unterschiedliche Ansätze erkennen:
Zum einen wird jede Gruppensitzung in etwa nach *demselben Verlaufsschema* gestaltet, um den Teilnehmerinnen Sicherheit und Rhythmus zu geben. Ein Beispiel dazu aus dem (offenen) „Gesprächskreis Pflegende Angehörige" in Bochum, den die Innere Mission veranstaltet hat:

Verlauf der Gruppensitzung
a. Vorstellungsrunde (für neue Teilnehmerinnen)
b. Anwärmphase („Wie fühle ich mich heute?" „Was für ein Tag liegt hinter mir?")
c. Berichte der Gesprächsteilnehmer über Geschehnisse seit dem letzten Gruppentreffen
d. Gespräch über diese Ereignisse
e. Suche eines neuen Stichwortes
f. Gemeinsamer Abschluß (z. B. mit Gebet, Lied, Gedicht)
Beim Gesprächsabend wird versucht, ein besonderes Stichwort zu finden, zu dem die Teilnehmerinnen ihre persönlichen Probleme schildern können (z. B. Gelassenheit / Vertrauen).

Zum anderen arbeiten Gruppen auch stark *themenbezogen,* ohne fest strukturierten Verlauf. Der Rahmen wird in der Regel von den jeweiligen Referentinnen oder Referenten vorgegeben.
Andere Gruppen vereinbaren beide Ansätze miteinander und strukturieren einen Teil der jeweiligen Sitzung, z. B. den Anfang und das Ende, und gehen dazwischen dem jeweiligen Thema entsprechend vor.
Einige methodische Anregungen dazu:
Vorträge / Referate;
Lichtbilder;
Aussagen von Fachleuten, z. B. zum Thema „Alter", die in Beziehung gesetzt werden zu eigenen Erfahrungen;
Rollenspiele;
die Pflegesituation einer Teilnehmerin steht im Mittelpunkt und wird von verschiedenen Seiten behutsam angeschaut (ohne zu bewerten...);
es werden gemeinsam Texte gelesen / erarbeitet (z. B. aus Erich Grond, „Die Pflege verwirrter alter Menschen" / Passagen aus Romanen, die zum Thema passen; siehe Materialien);

gruppendynamische und / oder meditative Übungen;
Gesprächsrunden / „Blitzlichter" helfen, sachliche Informationen auf sich zu beziehen;
Beschreibungen von Tagesabläufen machen den Unterschied von objektiv vorhandenen Lasten und subjektiv empfundener Belastung deutlich.
Es ist eine Aufgabe der Gruppenleitung, herauszufinden, wieviel „Programm" und wieviel „Gespräch", wieviel „Struktur" oder wieviel „freien Raum" die vorhandene Gruppe jeweils braucht.
Gerade bei längergehenden Gesprächskreisen kann es darüber hinaus wichtig sein, das Geschehen in der Gruppe selbst zum Thema zu machen. „Wo stehen wir als Gruppe; wie weit sind wir; was fehlt noch; welche Erwartungen konnten erfüllt werden, welche nicht, was hat sich verändert?"

9. Beendigung oder Weiterführung von Gruppen

Bei zeitlich begrenzten Angeboten für pflegende Angehörige ist die Frage der Beendigung eines Kurses / Seminares / Gesprächskreises insofern kaum gegeben, als für alle Teilnehmerinnen die Dauer ersichtlich ist. Zum Ende hin können dann weitergehende Vereinbarungen getroffen werden, z. B. Weiterführung des wöchentlich stattfindenden Seminares als monatlicher Gesprächskreis (weitere Beispiele siehe Kapitel B.II.7). Auch hier ergibt sich, wie bei den von vornherein zeitlich offenen Angeboten („Wir treffen uns alle zwei Wochen / einmal im Monat" usw.) die Frage, wann eine Zäsur oder Schluß gemacht werden sollte.
In der Praxis ist es häufig so, daß mit der Zeit, wenn viele Bedürfnisse befriedigt worden sind oder es nicht zur Ausbildung eines intensiven gruppendynamischen Geschehens gekommen ist, Teilnehmerinnen einfach wegbleiben, häufiger mal fehlen usw. Das heißt nicht, daß insgesamt kein Interesse und kein Bedarf mehr an weiteren Angehörigengruppen besteht, sondern heißt konkret, daß diese Zusammenarbeit jetzt offiziell beendet werden sollte.
Es scheint Gruppenleiterinnen allerdings gewisse Mühe zu bereiten, eine Gruppe tatsächlich für beendet zu erklären, so, als sei das Weitermachen das wichtigste Indiz für die Qualität der zurückliegenden Prozesse.
Es kann genau umgekehrt sein: In wenigen Stunden viel über sich und seine Situation reflektieren gelernt zu haben, kann auch bedeuten, erst einmal abzuschließen, um Kopf und Herz freizumachen für andere Eindrücke. Dem wird entgegengehalten, daß tiefgreifende Verände-

rungen ihre Zeit brauchen und immer wieder neue Nahrung, neue Anstöße. Das ist sicher richtig, doch müssen diese Anstöße unbedingt weiterhin aus derselben Quelle stammen? Wir haben die Erfahrung gemacht, daß dies nicht notwendigerweise der Fall ist, sondern manchmal auch kurzzeitige „Kurskorrekturen" sehr hilfreich sind. (Therapeutische Arbeit dagegen ist meist sehr langfristig angelegt, geht sie doch in tiefere Schichten. Sie ist aber durchaus kein „Muß", um mit Pflege zurechtzukommen...)

Wir möchten deshalb dazu ermutigen, Gesprächskreise und offene Gruppen dann zu beenden, wenn sich herausstellt, daß wichtige Ziele erreicht und der Rahmen ausgeschöpft ist. Von vornherein zeitliche Grenzen zu schaffen, die gemeinsam überschritten werden können, kann die andere Möglichkeit sein, wie auch an anderer Stelle schon vorgeschlagen.

SCHLUSSBEMERKUNG

In den vorangegangenen Kapiteln sind nach einer Einführung in die Lebenssituation pflegender Familien und Überlegungen zum Stellenwert von Angehörigengruppen differenzierte Vorschläge zur Vorgehensweise beim Aufbau von Angehörigengruppen gemacht worden.
Sicher ist deutlich geworden, daß es keine Patentrezepte gibt, sondern daß eine erfolgreiche Arbeit das Ergebnis eines langfristig geplanten Vorgehens ist, das ständige Reflexion beinhaltet: zum einen die gemeinsame Reflexion der sich immer wieder wandelnden Motivationen der Gruppenteilnehmerinnen, zum anderen auch die Reflexion der eigenen Ziele, Absichten und Entwicklungsprozesse der Leitung.
Nach den bisherigen Erfahrungen kann Leitung auf Dauer nur dann kompetent sein, auch im Hinblick auf die Erkenntnis und Erweiterung eigener Grenzen und die von Gruppen allgemein, wenn sie im ständigen Austausch mit anderen Leitungen steht. Nachdrücklich ist das Konzept der Anleitung und Begleitung von Leiterinnen (vgl. Kapitel B.II.6.4) zu befürworten, um zu verhindern, daß diese isoliert und damit überfordert sind, ihre Aufgabe als Bezugspersonen und Animatoren (im wahrsten Sinne des Wortes) gerecht zu werden.
Darüber hinaus ist mehr zielgruppenorientierte Angehörigenarbeit dringend erforderlich, um den Prozeß gezielter anzuregen, sich selbst und anderen zu helfen und dabei gleichzeitig ein offensiveres Selbstverständnis zu entwickeln. Das heißt in der Praxis, daß Angehörige häusliche Pflege als gesamtgesellschaftliche und nicht nur als persönliche Aufgabe begreifen lernen und daraus berechtigte Forderungen stellen.

Teil C

Literatur und Materialien

(Die mit * gekennzeichneten Titel sind für pflegende Angehörige besonders geeignet)

1. Zur Lebenssituation (chronisch kranker) alter Menschen und ihrer Angehörigen

* Bender, Christel: Unter einem Dach. Zusammenleben mit pflegebedürftigen Eltern.
Kösel-Verlag, München 1990
Christel Bender will zeigen, wie unterschiedlich Frauen den Alltag der Pflege gestalten und welche Möglichkeiten der Unterstützung innerhalb der Mehrgenerationenfamilien und von außen vorhanden sind.

* Bernlef, J.: Hirngespinste. Roman.
Verlag Nagel und Kimche, Zürich 1986
Der Roman erzählt von der tiefen und aufrichtigen Liebe zwischen zwei älteren Menschen, dem Reichtum eines ganzen Lebens. Zugleich ist es ein Buch über das Annehmen des Unannehmbaren, das Protokoll eines rasch voranschreitenden Verfalls. Behutsam werden nicht nur die Gefühle der pflegenden Ehefrau, sondern auch das Erleben des dementen alten Mannes immer wieder in den Mittelpunkt gestellt.

* Diakonisches Werk der EKD: Danken und Dienen – Arbeitshilfen für Verkündigung, Gemeindearbeit und Unterricht 1996, Thema: Pflege im Alter – Pflegende Angehörige, hrsg. vom Diakonischen Werk der Ev. Kirche in Deutschland, Stuttgart 1996
In dieser Arbeitshilfe kommen viele verschiedene Autorinnen und Autoren zu Wort. Nach Informationen zum Thema schließen sich Vorschläge für Gemeindegottesdienste, Seminare und Unterricht an.

* Dobrick, Barbara: Wenn die alten Eltern sterben. Das endgültige Ende der Kindheit.
Kreuz Verlag, Stuttgart 1998
Mit den Eltern wird die eigene Kindheit endgültig zu Grabe getragen und gleichzeitig in der Erinnerung belebt mit allem Schönen und Schrecklichen. Das Ziel dieses Buches ist es, aufzuzeigen, welche Gefühle, welche Erlebnisse mit dem Tod der Eltern verbunden sein können. Es eignet sich auch, um sich der eigenen Beziehung zu alten Eltern auch zu deren Lebzeiten bewußter zu werden.

* Feldmann, Lili: Leben mit der Alzheimer Krankheit. Eine Therapeutin und Betroffene berichten.
Piper Verlag, München 1989

Aus Gesprächen, Beobachtungen und Selbstschilderungen von Familienangehörigen verdichtet die Autorin Bilder, die in lebensnaher Weise erzählen, welche Problemsituationen und Konflikte entstehen und welche Lösungsmöglichkeiten es gibt.

* Greenberg, Vivian E.: Unsere Eltern werden älter. Im Zwiespalt von Anspruch und Verantwortung.
Ernst Kabel Verlag, Hamburg 1995

In diesem Buch wird das Thema Beziehung zwischen erwachsenen Kindern und ihren alten Eltern einfühlsam, klug und realistisch behandelt. Dabei werden beide Seiten angesprochen: Kinder und Eltern. Es geht um das Nicht-Loslassen – auch von seiten der Kinder – und um das Anspruchsdenken der Eltern, die zurück haben wollen, was sie ihren Kindern gegeben haben.

* Hoesel, Elisabeth van: Liebesmüh' mit alten Eltern. Aus dem Tagebuch einer guten Tochter. Roman
Kreuz Verlag, Stuttgart 1987

Die Autorin, einzige Tochter ihrer Eltern, hat über viele Jahre alles getan, um Vater und Mutter das Leben angenehm zu machen. Aber oft ging es über ihre Kräfte. Die Eltern stützten sich nur auf ihre Tochter. Die Autorin schildert ganz alltägliche Szenen ihres täglichen Leidens am mühsamen Alter ihrer Eltern und ihrer eigenen Überforderung.
In den Niederlanden hat das Buch ein großes Echo in den Medien gefunden und breite Resonanz bei ebenfalls betroffenen Leserinnen.

* Huemer-Drobil, Barbara Kletter, Gerhard Langbein, Lisa: Leben nach dem Schlaganfall – Ein Ratgeber für Kranke, ihre Familien und Betreuer. Bittere Pillen Patientenreihe.
Verlag Kiepenheuer & Witsch, Köln 1987

Dieser Ratgeber gibt Anregungen, wie man die schwierige Situation des Schlaganfalls meistern kann. Er zeigt auf, welche Ursachen zu der Erkrankung führen und wie sie vermieden werden können. Eine Beschreibung der oft eingesetzten Medikamente, der Operationsmöglichkeiten, Übungen zur Heilgymnastik und zur Behandlung von Sprachstörungen und viele praktische Tips machen das Buch zu einer echten Hilfe für alle Betroffenen.

* Kremer, Hildegard: Aber ich lebe noch so gern. Notizen über das Altwerden, Altsein und Sterben.
Patmos Verlag, Düsseldorf 1988

Die Tagebuchnotizen einer 50jährigen Tochter handeln vom Übergang der vorletzten in die letzte Lebensphase der 82jährigen Mutter, vom Verzicht auf „Selbstverwirklichung" und beruflicher Weiterentwicklung der Tochter, deren Start in die zweite Lebensphase durch die letzte der Mutter gebremst wird. Das Sterben der alten Mutter im Kreis der Familie bricht das Tabu des Todes auf und wird für alle Betroffenen zu einem prägenden Erleben. Ein eindringlicher, packender Bericht, zu dem auch die Frage nach Gott gehört.

* Mace, Nancy L. Rabins, Peter: Der 36-Stunden-Tag. Die Pflege des verwirrten älteren Menschen, speziell des Alzheimer Kranken.
Verlag Hans Huber, Bern 1997

Dieses Buch wurde für die Angehörigen und die Pfleger(innen) dieser Kranken geschrieben. Es ist mittlerweile ein „Klassiker" geworden und wird immer wieder überarbeitet, da sich die Erkenntnisse über die Alzheimer Krankheit ständig erweitern. Die Autoren machen Vorschläge, wie Angehörige die Pflege besser meistern können und berichten über Erfahrungen mit Gruppen zur Unterstützung der Familien mit solchen Kranken.

* Wilkening, Karin: Wir leben endlich. Zum Umgang mit Sterben, Tod und Trauer.
Verlag Vandenhoeck und Ruprecht, Göttingen 1997

Karin Wilkening ist seit vielen Jahren in der Sterbe- und Trauerbegleitung tätig. Sie beschreibt das Umfeld des Sterbens und seine geschichtliche Veränderung bis in unsere Zeit. Sie erläutert nicht nur die Bedürfnisse Sterbender und gibt Hinweise zu einer einfühlsamen Begleitung, sondern geht auch ausführlich auf die Trauer der Hinterbliebenen ein und wie sie ihre Situation konstruktiv bewältigen können.

2. Einige Studien zur Lebenssituation pflegender Angehöriger

Bracker, Maren/Dallinger, Ursula/Karten, Gabriele/Tegethoff, Ulrike: Die Pflegebereitschaft der Töchter. Zwischen Pflichterfüllung und eigenen Lebensansprüchen.
Hrsg. von der Bevollmächtigten der Hessischen Landesregierung für Frauenangelegenheiten, Gustav-Freytag-Straße 1, 65189 Wiesbaden, 1988

In dieser Studie wird die Pflegebereitschaft von Töchtern im Kontext lebensgeschichtlicher Erfahrungen untersucht. Der Aspekt der „Selbstverständlichkeit" bei der Übernahme von Pflege wird differenziert untersucht, und es wird nachgewiesen, daß positive Pflegemotivation von potentiellen Wahlmöglichkeiten / Alternativen abhängt.

Fischer, Gisela C./Rohde, Johann J./Tewes, Uwe/Schug, Stephan H./ Koppelin, Frauke/Koschera, Annette/ Paugritz, Johannes/Pullwitt, Dirk H.: Die Situation über 60 Jahre alter Frauen mit einem pflegebedürftigen Ehemann. Schlußbericht zum interdisziplinären Forschungsprojekt, Schriftenreihe des Bundesministeriums für Familie, Senioren, Frauen und Jugend, Bd. 49, Verlag W. Kohlhammer, Stuttgart, Berlin, Köln 1995.

Für diese aufwendige wissenschaftliche Studie wurden ca. 300 ältere Ehepaare, bei denen eine über 60jährige Ehefrau ihren Ehemann zu Hause betreut, von einem interdisziplinären Team untersucht. Ärzte, Psychologen und Soziologen der Medizinischen Hochschule Hannover, Abt. Allgemeinmedizin, waren beteiligt. Nicht nur der Gesundheitszustand der Pflegebedürftigen, sondern auch der der Angehörigen wurde untersucht.

* Hedtke-Becker, Astrid / Schmidtke, Claudia: Frauen pflegen ihre Mütter. Eine Studie zu Bedingungen häuslicher Altenpflege. Eigenverlag des Deutschen Vereins für öffentliche und private Fürsorge, Am Stockborn 1–3, 60305 Frankfurt 50, 1985

Diese 1984 fertiggestellte Studie befaßt sich mit der Lebenssituation pflegender Frauen, ihren Belastungen, ihrem Alltag und ihren Bewältigungsmöglichkeiten. Anhand vieler Beispiele wird ein eindringliches Bild gezeichnet.

Hörlle, Andrea: Leben mit dem ewigen Abschied. Zur Situation pflegender Angehöriger, Mathias-Grünewald-Verlag, Mainz 1996.

In diesem Buch kommen Menschen, die Eltern, Ehepartner oder Kinder pflegen, persönlich zu Wort. Die Autorin beschreibt auch erste Erfahrungen von Angehörigen mit der Pflegeversicherung, gute und problematische.

Kling, Annette / Faust-Jacobi, Stephanie: Zur Situation der pflegenden Ehepartner. Diplomarbeit, Fachhochschule für Sozialwesen, Mannheim 1990.

Erhältlich bei: Annette Kling, Bachstraße 32, 69221 Dossenheim. Eine Kurzfassung mit demselben Titel findet sich in: Nachrichtendienst des Deutschen Vereins, Heft 10, 1991, S. 340–345.

Diese qualitative Studie hat die Pflege durch Ehepartner zum Thema und weist ihre Besonderheiten gegenüber der Pflege durch Töchter nach. Angesichts des spärlichen Materials eine gute Grundlage zum differenzierten Verständnis der besonders belastenden Pflegesituation (ausführliche Fallschilderungen).

Klusmann, D., Lüders, J., Bruder, J., Lauter, H.: Beziehungen zwischen Patienten und ihren Familienangehörigen bei chronischen Erkrankungen des höheren Lebensalters.
Bericht an die Deutsche Forschungsgemeinschaft, Teilprojekt A 16, Sonderforschungsbereich 115, Hamburg 1981, unveröffentlichtes Manuskript.

Die sogenannte „Norderstedter Studie", obwohl noch immer nicht als Ganzes gedruckt, ist inzwischen ein Klassiker geworden. Sie thematisiert vor allem die Belastungen häuslicher Pflege besonders bei dementiell erkrankten alten Menschen. Diese Studie gab den Anstoß für die Gründung der ersten Angehörigengruppen.

Schneekloth, Ulrich/Potthoff, Peter: Hilfe- und Pflegebedürftige in privaten Haushalten. Bericht zur Repräsentativerhebung im Forschungsprojekt „Möglichkeiten und Grenzen selbständiger Lebensführung", im Auftrag des Bundesministeriums für Familie und Senioren, Schriftenreihe des Bundesministeriums für Familie und Senioren, Bd. 20.2, Verlag W. Kohlhammer, Stuttgart, Berlin, Köln 1993

Diese Studie, für die 1990 ein Forschungsverbund zwischen zwei Sozialforschungsinstituten und vier Universitäten gebildet wurde, ist die Nachfolgerin der Socialdata-Studie von 1980. Breiter angelegt mit einer hohen Stichprobe von insgesamt ca. 26 000 Haushalten, wurden die repräsentativen Ergebnisse (Berechnungs-)Grundlage für die Pflegeversicherung. Sie liefert aber nicht nur quantitative, sondern auch qualitative Daten.

* Schreibwerkstatt am Bürgertreff Nürtingen (Hrsg.): Gepflegte Geschichten. Pflegende Angehörige erzählen. Reihe Bürgerschaftliche Bücher. Verlag Sindlingen – Borchartz, Frickenhausen 1995

Hier kommen ausschließlich pflegende Angehörige selbst zu Wort und beschreiben ihre Erfahrungen. Ein Buch, in dem „Klartext" geschrieben wird, das aber auch Mut macht.

* Seubert, Heike: Auf Kosten der Frauen. Benachteiligung von Frauen durch die Pflege alter Eltern.
Centaurus-Verlag, Pfaffenweiler 1992
Eine Kurzfassung mit demselben Titel findet sich in: Nachrichtendienst des Deutschen Vereins für öffentliche und privte Fürsorge, Heft 10, 1991, S. 335–340.

In dieser Studie untersucht die Autorin die geschlechtsspezifische Arbeitsteilung und die Benachteiligung von Frauen. Sie weist nach, daß die Pflege alter Eltern die Benachteiligung verstärkt durch Auswirkungen auf das Erwerbsleben, die Familienarbeit, die Persönlichkeit, die soziale Sicherung und das eigene Altern.

Socialdata (Werner Brög u. a.): Anzahl und Situation zu Hause lebender Pflegebedürftiger. Schriftenreihe des BMJFFG, Bd. 80, Verlag W. Kohlhammer, Stuttgart 1980

Die erste wissenschaftliche Untersuchung in der Bundesrepublik, die das Ausmaß der Pflege durch Angehörige und ihre Situation zum Thema hat neben der der Pflegebedürftigen selbst. Sie war der Anstoß zu einer Reihe von sozialpolitischen Maßnahmen.

Urlaub, Karl-Heinz: Krisen, Konflikte und Überforderungsstrukturen in familiären Pflegebeziehungen. Eine sozialpädagogische Studie über Bedingungen und Formen der Bewältigung. Alternativen 4, 1988.
Hrsg. Deutscher Paritätischer Wohlfahrtsverband, Landesverband NRW, Abt. Altenhilfe, Loherstr. 7, 42283 Wuppertal 2.

Diese Studie legt die Probleme familiärer Pflegebeziehungen von der Konstituierung bis zum Versuch der Bewältigung dar. Es wird damit eine Grundlage geschaffen, Hilfen gezielt und situationsgerecht zu entwickeln.

Wand, Elisabeth: Ältere Tochter alter Eltern – Zur Situation von Töchtern im 6. und 7. Lebensjahrzehnt.
Schriftenreihe des Bundesministers für Jugend, Familie, Frauen und Gesundheit. Bd. 183. Verlag W. Kohlhammer, Stuttgart 1986

In dieser Studie geht es um intergenerationelle Beziehungen und die Formen und das Ausmaß konkreter Hilfeleistung und Unterstützung zwischen älteren Töchtern und alten Eltern sowie Belastungen und Bewältigungsmöglichkeiten.

3. Material / Veröffentlichungen / Studien zur Angehörigenarbeit

Caritas-Konferenzen Deutschlands (Hrsg.), Postfach 420, Freiburg: Zehn Schritte der Hilfe. Pflegebedürftige und pflegende Angehörige in der Pfarrgemeinde – Ein Aktionsplan. Freiburg 1987.

Ein Aktionsplan in zehn Schritten, der die Umsetzung von Angehörigenarbeit in der Gemeinde ermöglichen soll. Zusätzlich sind zwei grundlegende Referate von Stephan Articus und Ursula Wetzel abgedruckt, die die Überlegungen vertiefen.

Die Brücke, Beratungsstelle für ältere Menschen und ihre Angehörigen (Hrsg.): Die Unterstützung von Angehörigen älterer Menschen. Damit Pflege nicht zur Last wird – Möglichkeiten der Zusammenarbeit von Laien und professionellen Helfern, Dokumentation eines Fachforums, Hamburg 1993.

In dieser interessanten Dokumentation berichten Fachleute und pflegende Angehörige über Entlastungs- und Unterstützungsmöglichkeiten im Einzelfall und innerhalb des Gemeinwesens.

Erlanger, Albert: Gruppengespräche mit den Angehörigen pflegebedürftiger Patienten, in: Uchtenhagen, Ambros / Jovic, Nikola: Psychogeriatrie, Asanger-Verlag, Heidelberg 1988.

Der Autor schildert Konzept, Aufbau und Verlauf der Gruppengespräche im Kanton Zürich eingehend und diskutiert ihre Ergebnisse anschaulich.

Fütterer Udo: Probleme und Belastungen pflegender Angehöriger alter Menschen. Möglichkeiten der Hilfeleistung in Angehörigengruppen.
Magisterarbeit am Erziehungswissenschaftlichen Institut der Ruprecht-Karls-Universität Heidelberg, 1989.

In dieser Arbeit werden neben den Problemen und Belastungen pflegender Angehöriger die Ergebnisse einer eigenen Exploration dargestellt und daraus Schlüsse gezogen für die Begründung von Gruppenarbeit mit pflegenden Angehörigen unter gleichzeitiger Diskussion methodischer Fragen. Im Anhang finden sich Vorschläge für drei Lehrbriefe als Arbeitsgrundlage für das Gespräch in der Angehörigengruppe.

Haux, Erika: Beratung und Begleitung pflegender Angehöriger im Gesprächskreis – eine pflegerische Perspektive
Diplomarbeit im Fachbereich Pflege- und Gesundheitswissenschaften der Evangelischen Fachhochschule Darmstadt, Darmstadt 1997, erhältlich bei: Erika Haux, In der Witz 19, 65719 Hofheim

In dieser qualitativen Forschungsarbeit beschreibt Erika Haux, wie acht pflegende Frauen ihre Pflegesituation erleben und welche Bedeutung die Teilnahme am Gesprächskreis für sie hat. Sie gewinnt daraus Kriterien für Beratung und Begleitung für Pflegekräfte.

* Heiligbrunner, Gerlinde: Pflegetagebuch. Verlag der Haus-Weinberger-Akademie, München und Fürth 1997

Wichtige Tips und Informationen zur Pflegeversicherung bietet die aktualisierte Auflage des praktischen Pflegetagebuchs für Pflegebedürftige und Angehörige. Es erläutert konkret und praxisbezogen den Leistungskatalog der Pflegeversicherung.
Es dient Betroffenen zur Vorbereitung auf den Besuch des Medizinischen Dienstes und gibt Auskunft über den Fall des Widerspruchs. Ein wichtiges Hilfsmittel auch für Pflegedienste, Ärzte und Sozialarbeiter bei der Beratung Betroffener.

Institut für Gerontologische Forschung (Hrsg.): Pflegen und gepflegt werden – zu einer neuen Kultur des Helfens. Beratung und Angehörigenarbeit in der Pflege. Dokumentation der Fachtagung vom 2.–3. 11. 1994 in der Akademie Tutzing, München 1994

Jansen, Birgit/von Kardoff, Ernst: Pflege für die Pflegenden – Modellprojekt des evangelischen Diakonievereins Roth e.V., Bd. I, Endbericht, Institut für Gerontologische Forschung e.V. (IFG), München 1994

Jansen, Birgit/von Kardoff, Ernst: Pflege für die Pflegenden – Modellprojekt des evangelischen Diakonievereins Roth e.V., Bd. II, Begleitforschung, sozialpolitische Stellungnahmen und Materialien, Institut für Gerontologische Forschung e.V. (IFG), München 1994

Anfang der 90er Jahre entwickelte der Ev. Diakonieverein Roth e.V. ein umfangreiches integriertes Konzept mit Hilfen für Pflegende im Gemeinwesen, das bis heute beispielhaft ist. Beispielhaft auch die wissenschaftliche Begleitforschung, die die Wirksamkeit der Maßnahmen und Ansätze nachweist.

Hedtke-Becker, Astrid/Arnold, Karen (Hrsg): Arbeitsmappe Angehörigenarbeit. Eigenverlag des Deutschen Vereins, Frankfurt, erscheint Ende 1999

In dieser Mappe sind weniger bekannte und noch nie veröffentlichte Texte, Projektberichte und Studien zusammengestellt und kommentiert, die sich mit Angehörigenarbeit befassen. Dabei wird insbesondere die Situation nach der Pflegeversicherung berücksichtigt.

Kuratorium Deutsche Altershilfe (Hrsg.), Reihe „thema": Gesprächskreise und Seminare für pflegende Angehörige – Projektberichte und Kurzbeschreibungen, Köln 1989.

In dieser Zusammenstellung sind alle dem Kuratorium Deutsche Altershilfe bis Mitte 1989 bekanntgewordenen Gesprächskreise und Seminare für pflegende Angehörige mit Adressen aufgenommen, viele davon mit Kurzbeschreibungen von Zielgruppe, Inhalt usw. Darüber hinaus enthält die Mappe auch eine umfangreiche Literaturliste und zwei ausführliche Projektbeschreibungen.

Landratsamt Reutlingen: Aus der Arbeit mit pflegenden Angehörigen – Einstieg, Durchführung und Erfahrungen aus einem Projekt im Landkreis Reutlingen, Reutlingen 1989.

Der Bericht ist aus der einjährigen Arbeit (von August 1988 bis Juli 1989) mit pflegenden Angehörigen entstanden. In diesem Projekt haben die Verbände der Freien Wohlfahrtspflege und der daraus gegründete Fachausschuß Altenhilfe, der Kreisseniorenrat, der Berufsverband der Hausfrauen, das Referat Altenhilfe der Stadt Reutlingen und die Altenhilfe-Fachberatung des Landkreises zusammengearbeitet.

Pusche, Gabriele / Wolf, Manuela: Ort der Entlastung – die Gesprächsgruppe für pflegende Angehörige alter Menschen. Eine empirische Untersuchung der entlastenden Wirkung von angeleiteten Gesprächsgruppen und deren Bestimmungsgründe.
Diplomarbeit, Fachhochschule für Sozialwesen, Mannheim 1990.
Eine Kurzfassung der Studie mit demselben Titel findet sich in: Nachrichtendienst des Deutschen Vereins für öffentliche und private Fürsorge, Heft 10, 1991, S. 345–350.
Diese Studie, die auf einer umfangreichen Fragebogenuntersuchung basiert, weist nach, wie groß die Entlastung für pflegende Angehörige ist, wenn sie an Gesprächsgruppen teilnehmen.

Der allgemeine Teil enthält eine eingehende und ausführliche Darstellung der Lebenssituation pflegender Angehöriger auf der Basis der deutschsprachigen Literatur.

Staenke, Mathias: Angehörigengruppen als Hilfsangebote bei der Pflege alter Menschen. Diplomarbeit, Ev. Fachhochschule für Sozialwesen, Religionspädagogik und Gemeindediakonie, Freiburg 1989.

Neben Grundlegendem zur Situation alter Menschen und ihrer Angehörigen versucht der Autor eine Bestandsaufnahme von Angehörigengruppen. Dabei nehmen Ziele und Inhalte sowie didaktisch-methodische Überlegungen zur Gruppenarbeit einen breiten Raum ein. Nach einer abschließenden Bewertung werden weiterführende Fragestellungen aufgeworfen.

Steiner-Hummel, Irene / Zellhuber, Brigitte: Leben und Pflegen. Projektbericht Beratungsstelle für pflegende Angehörige und Gerontopsychiatrie, Augsburg 1989.

Dieser Projektbericht zeigt die engagierte Arbeit der Beratungsstelle. Er gibt Auskunft über Arbeitsgrundlagen, Modellcharakter und Methoden der Arbeit und die Lebenslage bzw. Versorgungssituation pflegebedürftiger Älterer in Augsburg.

Steiner-Hummel, Irene: Partnerinnen im Pflegeprozeß. Angehörigenorientierung als Postulat. Häusliche Pflege, Heft 3, 1995, S. 187–189.

Die Autorin beschreibt Erfahrungen aus einem Projekt, das sie zusammen mit Astrid Hedtke-Becker im Deutschen Verein in Frankfurt durchführte.

4. Konzepte für Pflegekurse nach § 45 SGB XI

AOK-Bundesverband (Hrsg.): Damit Pflege nicht zur Last wird. Handlungsempfehlungen für die AOK-Praxis. Konzept zur Durchführung von AOK-Pflegekursen im Rahmen des Pflegeversicherungsgesetzes. Drucksache II 1 (1) G/bl v. 22. 9. 1994, Bonn 1994

Dieses Konzept, an dem außer Pflegekräften und Pflegewissenschaftlerinnen auch Pädagoginnen und Psychologinnen mitwirkten, zeichnet sich dadurch aus, daß psychosoziale Themen im Pflichtbereich verankert sind und mindestens 50 % der Kurseinheiten ausmachen, medizinisch-pflegerische Themen als Wahlbereich konzipiert sind und je nach Zielgruppe dann spezifiziert werden können. Als Besonderheit ist zu nennen, daß neben dem „Grundkurs" ein „Schnupperkurs" für ca. 2–3 Termine für Interessierte sowie ein „Intensivkurs" für akut Betroffene, der bis zu 6 Stunden (auch in der eigenen Wohnung) stattfinden kann, konzipiert wurden.

Arbeiterwohlfahrt Bayern (unter Federführung der Hans-Weinberger-Akademie, Fürth und München) (Hrsg.): Pflege von Angehörigen. Rahmen-Konzept für Pflegekurse der Arbeiterwohlfahrt Bayern in Antwort auf die Pflegeversicherung. München 1994

Dieses Konzept bietet in übersichtlicher Form Bausteinangebote, die flexibel gehandhabt werden können. Sein Anliegen ist ganzheitliche Pflegeplanung zu Hause unter Berücksichtigung von Pflege als Beziehungsprozeß.

Ergänzend dazu hat Marianne Tampl, die sich für den Text verantwortlich zeigt, ein Buch herausgegeben, das detailliertes Hintergrundwissen für die Kursgestaltung gibt und eine Fülle von Materialien einbezieht, damit die Kurse im besten Sinne ganzheitlich durchgeführt werden können:

Tampl, Marianne: Pflegekurse planen und leiten. Verlag der Haus-Weinberger-Akademie, München und Fürth 1996

Dieses Buch enthält im Anlageteil auch den vollständigen Text des AWO-Kurskonzeptes.

BEK-Pflegekasse (Hrsg.)/Barden, Ingeburg und Wodraschke, Georg: Zu Hause pflegen. Kursleiterhandbuch für Pflegekurse. Lambertus-Verlag Freiburg, 1996

Dieses aufwendig gestaltete Handbuch in Ordnerform bietet durchdachte und detaillierte Materialien zur Durchführung von Pflegekursen in Bausteinform mit pflegerischem Schwerpunkt. Bis hin zu fertigen Folien (z. T. in Farbe) und Kopiervorlagen wurde an alles gedacht.

Diakonisches Werk – Bildungsstätten für Gemeindepflege Bethel und Rendsburg (Hrsg.): Seminare für pflegende Angehörige. Sinn-voll pflegen. Bethel und Rendsburg 1994

Der dickleibige Ordner richtet sich in erster Linie an unterrichtende Pflegefachkräfte und möchte ihnen fundiertes Wissen über Methodik und Didaktik von Pflegeseminaren vermitteln. Zum anderen bietet er bis hin in Feinziele ausgearbeitete Lehr- und Arbeitspläne für ein zwölfteiliges Pflegegrundseminar. Ausführliche Literaturlisten ergänzen jede Lehreinheit.

5. Video-Spielfilm

Haus-Weinberger-Akademie (Hrsg): DIR ZU LIEBE. Pflege in einer Familie. Video-Spielfilm mit Arbeitsbuch. Idee: Marianne Tampl, Regie: Katrin Seybold, Text: M. Winter, Arbeitsbuch: K. Arnold, D. Koltermann, D. Schnetz, München und Fürth 1997, ISBN 3-930 469-04-9

Am Beispiel einer pflegenden Tochter erlaubt dieser Spielfilm einen emotionalen Zugang zur sensiblen Problematik familiärer Pflege. Typische familiäre Alltagskonflikte, dargestellt von bekannten Schauspieler/innen, werden aufgezeigt. Der Film dient als Einstieg in die Gruppenarbeit zum Thema Angehörigenpflege und richtet sich ebenso an Betroffene wie an Professionelle in Praxis und Ausbildung. Das zum Film gehörige Arbeitsbuch gibt detaillierte Anregungen zur erwachsenenpädagogischen Arbeit.

Die Autorin

Astrid Hedtke-Becker, geb. 1957, Industriekauffrau, Diplom-Pädagogin, war jahrelang in der Aus-, Fort- und Weiterbildung von Altenpflegerinnen, Sozialarbeiterinnen und (Gemeinde-)Krankenschwestern tätig und hat ab 1985 Angehörigengruppen aufgebaut und geleitet. Von 1989 bis 1996 arbeitete sie als wissenschaftliche Referentin beim Deutschen Verein für öffentliche und private Fürsorge in Frankfurt in der Abteilung Fort- und Weiterbildung im Arbeitsschwerpunkt Altenhilfe, dessen Leiterin sie von 1993 an war.

Seit 1996 ist die Professorin an der Fachhochschule Mannheim, Hochschule für Sozialwesen mit den Lehrgebieten Altenarbeit, Gesundheitswesen und Praxis Sozialer Arbeit. Seit 1998 ist sie Dekanin im Fachbereich Sozialarbeit und Leiterin des Instituts für Fort- und Weiterbildung und Praxisbegleitung der Hochschule.